COLECCIÓN FAMILIA

- Adolescentes seguros
- Apúntate un 10
- Baby shower
- Bebé feliz
- Buenos modales para niños
- Cartas a mi hijo
- Cómo ayudar a los hijos de padres divorciados
- Cómo ayudar a niños con problemas de aprendizaje
- Cómo desarrollar la creatividad en los niños
- Cómo desarrollar la inteligencia de sus hijos
- Cómo detectar y vencer la depresión en los jóvenes
- Cómo estimular con música la inteligencia de los niños
- Cómo estimular el aprendizaje en los niños
- Cómo evitar que sus hijos consuman drogas
- Cómo fomentar la lectura en los niños
- Cómo hablar de autoestima a los niños
- Cómo hablar de sexo a los niños
- Cómo hablar de temas delicados a los niños
- Cómo hablar para que su pareja escuche y como escuchar para que su pareja hable
- Cómo identificar y ayudar a niños hiperactivos
- Cómo lograr el desarrollo integral de su hijo
- Cómo lograr que sus hijos triunfen en la escuela
- Consejos obligatorios para padres
- De padres a hijos
- Felicidad total en pareja
- Formar hijos exitosos
- John Bradshaw: la familia
- Juegos para mejorar la autoestima en los niños
- Libro de oro del bebé, El
- Listo para el kinder
- Más tierna espera, La
- Muchachos aplicados
- Nombres exóticos para bebé
- Nombres perfectos para bebé
- Pequeña gran enciclopedia del cuidado infantil, La
- Quiero una mascota
- Todo niño es un genio
- Todo sobre los adolescentes
- Un regalo de amor
- Vivir con adolescentes

COLECCIONES

Belleza
Negocios
Superación personal
Salud
Familia
Literatura infantil
Literatura juvenil
Ciencia para niños
Con los pelos de punta
Pequeños valientes
¡Que la fuerza te acompañe!
Juegos y acertijos
Manualidades
Cultural
Medicina alternativa
Clásicos para niños
Computación
Didáctica
New Age
Esoterismo
Historia para niños
Humorismo
Interés general
Compendios de bolsillo
Cocina
Inspiracional
Ajedrez
Pokémon
B. Traven
Disney pasatiempos

Sharon Wilkins

Listo para el Kinder

SELECTOR
actualidad editorial

Doctor Erazo 120
Colonia Doctores Tel. 55 88 72 72
México 06720, D.F. Fax. 57 61 57 16

LISTO PARA EL KINDER
Título en inglés: Ready for Kindergarten

Traductor: Martha Mauri
Diseño de portada: Mónica Jácome y Sergio Osorio

Originally published in the U.S.A.
under the title Ready for Kindergarten
Copyright © 1996 by Sharon Wilkins
Grand Rapids, Michigan

Copyright © 2002, Selector S.A. de C.V.
Derechos de edición reservados para el mundo

ISBN: 970-643-449-6

Cuarta reimpresión. Abril de 2010.

Características tipográficas aseguradas conforme a la ley.
Prohibida la reproducción parcial o total de la obra
sin autorización de los editores.
Impreso y encuadernado en México.
Printed and bound in México

Contenido

Introducción 7
Semana uno 8
Semana dos 11
Semana tres 14
Semana cuatro 17
Semana cinco 20
Semana seis 23
Semana siete 26
Semana ocho 29
Semana nueve 32
Semana diez 35
Semana once 38
Semana doce 41
Semana trece 44
Semana catorce 47
Semana quince 50
Semana dieciséis 53
Semana diecisiete 56
Semana dieciocho 59
Semana diecinueve 62
Semana veinte 65
Semana veintiuno 68
Semana veintidós 71
Semana veintitrés 74
Semana veinticuatro 77
Semana veinticinco 80

Semana veintiséis 83

Semana veintisiete 86

Semana veintiocho 89

Semana veintinueve 92

Semana treinta 95

Semana treinta y uno 98

Semana treinta y dos 101

Semana treinta y tres 104

Semana treinta y cuatro 107

Semana treinta y cinco 110

Semana treinta y seis 113

Semanma treinta y siete 116

Semana treinta y ocho 119

Semana treinta y nueve 122

Semana cuarenta 125

Semana cuarenta y uno 128

Semana cuarenta y dos 131

Semana cuarenta y tres 134

Semana cuarenta y cuatro 137

Semana cuarenta y cinco 140

Semana cuarenta y seis 143

Semana cuarenta y siete 146

Semana cuarenta y ocho 149

Semana cuarenta y nueve 152

Semana cincuenta 155

Semana cincuenta y uno 158

Semana cincuenta y dos 161

Introducción

¡Usted es la maestra más importante que tendrá su hijo!

Las actividades de este libro lo ayudarán a ofrecer a su hijo las bases para un primer año de kinder exitoso. Espero que cuando termine este libro pueda dejar a su niño en su primer día de kinder confiada en que tendrá la capacidad de salir adelante, luego de haberle enseñado a desarrollar nuevas habilidades, a ser más amable con los demás y a forjarse una mayor independencia.

Estas 156 actividades "a prueba de niños" son *divertidas, rápidas* y adecuadas para pequeños de tres años y medio a seis años. Su hijo participará en varias áreas de aprendizaje: desde el desarrollo de habilidades previas a la lectura, hasta la resolución de "problemas" matemáticos. De igual manera ejercitará las ciencias, la música, el lenguaje, el arte, así como actividades que ayuden a que su hijo conviva con los demás. Cada tercera lección, usted cuenta con un espacio donde puede anotar momentos memorables.

Tome a su hijo de la mano y juntos disfruten aprendiendo, riendo y sobre todo, amando.

Semana uno: ¿Qué es una fila?

Un minuto para mamá: *Porque la madre es y debe ser, lo sepa o no, la más admirable, fuerte, y perdurable maestra que sus hijos puedan tener.* Hannah Whitall Smith

¡Todos en fila!

Material:
Cinco juguetes

Actividad: Es importante que su hijo entienda, usando una hoja de papel, qué es una fila. Primero empiece con objetos concretos.

Ayude a que su hijo reúna cinco juguetes pequeños. Pídale que los coloque en una fila. Si necesita, ayúdelo.

Amontone los juguetes y vea si él solo puede hacer de nuevo la fila. Pida a su hijo que toque el principio de la fila. Señálele cuál de los juguetes está en el primer lugar, cuál en el segundo y cuál en el tercero. ¡Elógielo por saber escuchar!

Semana uno: ¿Qué es una fila?

Un minuto para mamá: *La vida está llena de oportunidades, pero la mejor de ellas es ser mamá.*

¿Qué falta?

Actividad: Coloque los cinco objetos en fila sobre la mesa. Pregunte a su hijo si los objetos están en círculo o en fila. Luego haga que los ponga en círculo o en fila. Hágalo varias veces hasta que su hijo pueda usar estos términos sin titubear.

Permita que su hijo los estudie durante unos cuantos segundos. Pídale que se aleje y, sin que él vea, quite un objeto. Dígale que vea de nuevo los objetos y adivine cuál falta. Si a su hijo le cuesta mucho trabajo jugar con los cinco objetos, intente con dos o tres y vaya incluyendo otros poco a poco hasta llegar a cinco.

Siempre tome un descanso para un refrigerio o para jugar cuando su hijo parezca estar preparado para cambiar de actividad.

Material:
Cinco objetos pequeños diferentes (un lápiz, un botón, una piedra, una cuchara, etc.)

Semana uno: ¿Qué es una fila?

Un minuto para mamá: *Paso gran parte de mi tiempo en el trabajo o lidiando con trapos para sacudir y líquidos de limpieza. Necesito establecer mis prioridades para poder compartir mi valioso tiempo con mi hijo.*

Lo veo

Material:
Un pedazo de cartulina

Crayolas o marcadores de colores

Actividad: Dibuje cinco figuras pequeñas en fila (un árbol, un globo, una manzana, una estrella, una pizza). Platique con su hijo sobre los dibujos. Pregúntele si están en círculo o en fila. Pregúntele cuál es el primer dibujo. Repita la actividad pidiéndole a su hijo que haga cinco dibujos pequeños en fila.

Háblele de la escuela. Diga a su hijo que la maestra hablará de los dibujos en fila. Repita el juego de la fila del día 2.

Momentos para recordar...

Semana dos: Mi nombre

Un minuto para mamá: *Sé que el aprendizaje de los niños puede tener altibajos. Necesito muchísima paciencia.*

Mi primera letra

Actividad: Mezclen la harina y la sal. Agreguen un poco de agua y mezclen al mismo tiempo que la viertan para formar una bola. Amasen diez minutos hasta que la masa tenga una consistencia uniforme y firme. Conversen mientras preparan la masa del pan. Si su hijo se cansa de amasar, aliéntelo a que no se dé por vencido. Ayude a su hijo a hacer la primera letra de su nombre. Haga un agujero en la parte superior con un lápiz antes de hornear. Hornee a 180°C durante treinta minutos hasta que esté dorada. ¡No se la coman!

Cuelgue la letra en la pared o guárdela para el árbol de Navidad.

Material:

2 tazas de harina

1 taza de sal... ¡y de paciencia!

1 taza de agua

Tazón para mezclar

Semana dos: Mi nombre

Un minuto para mamá: *Dentro de cien años, no importará qué carro manejé, en qué tipo de casa viví, cuánto dinero tuve o cómo era mi ropa, pero es probable que el mundo sea un poco mejor y el universo brille un poco más porque fui importante para un niño.* Autor desconocido

Manía por la crema de afeitar

Material:
Crema de afeitar

Una camiseta vieja

Actividad: Póngale a su hijo una camiseta vieja para esta actividad "super divertida". La crema de afeitar ensucia pero es fácil de limpiar. Advierta a su hijo que no se lleve las manos con crema a la boca o a los ojos.

Coloque un poco de crema sobre la mesa de la cocina y aplánela para que su hijo pueda tocarla, explorarla y crear con ella. USTED también inténtelo. ¡Forme parte del mundo de su hijo!

Después de unos cinco minutos de diversión, pregunte a su hijo si recuerda cómo hacer la primera letra de su nombre. De lo contrario, guíe el dedo de su hijo, escribiendo de arriba hacia abajo para formar la letra juntos. Ahora pídale a su hijo que practique la letra. Es *fácil* borrar los errores cometidos con la crema de afeitar e intentarlo de nuevo. (Si la crema se empieza a secar, vierta otro chorro en la mesa.)

Semana dos: Mi nombre

Un minuto para mamá: *Es importante recordar qué se siente ser un niño. Debo elegir la alegría y la paciencia ... ¡En especial cuando enseñe a mi hijo cosas nuevas!*

Impresión en arena o sal

Actividad: Llene media tapa de una caja de zapatos con una capa de un centímetro, de arena o sal. Con el dedo, escriba la primera letra del nombre de su hijo en mayúscula sobre la arena o sal. Pida a su hijo que copie la letra. Ahora, deje que él escriba una letra o dibuje algo y cópielo usted. ¡*Elogie* a su niño y *diviértase*! Hable acerca de las líneas rectas y curvas en la mayúscula.

Éste es un buen momento para explicarle que una letra se puede escribir de dos formas: mayúscula y minúscula (p. ej., "A, a"). Enseñe a su hijo las letras mayúsculas y minúsculas escribiendo su nombre en papel.

Material:
Tapa de caja de zapatos

Arena o sal

Papel y marcador

Momentos para recordar ...

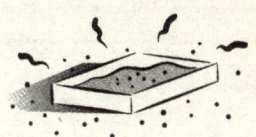

día 1

Semana tres: "Apegándose"

Un minuto para mamá: *Aun cuando estén recién lavados, los niños tienden a estar pegajosos.* Fran Lebowitz

Un poquito de pegamento será suficiente

Material:
Periódico viejo

Tijeras para niños

Pegamento líquido blanco

Un pedazo de papel de veinte por cuarenta centímetros

Actividad: Tome una página del periódico, pregunte a su hijo si puede encontrar la primera letra de su nombre y recortarla. Anímelo a cortar cualquier otra letra o número que conozca. Observe si, al recortar, el pulgar de su hijo está en la parte superior de las tijeras. ¡*Elogie* los esfuerzos de su hijo!

Con la tonada de "Martinillo", cante lo siguiente:
¡Con poquito pegamento
pegará, pegará
con una gotita
con una gotita
bastará, bastará!

Permita que su hijo ponga un "poquito" de pegamento en la parte posterior de sus recortes y los pegue en un pedazo de papel. Escriba: "¡(nombre del niño) es extraordinario!"

Semana tres: "Apegándose"

Un minuto para mamá: *Una vez necesité a una madre para que me enseñara una tarea sencilla. ¡El estímulo y la paciencia son los ingredientes perfectos para enseñar!*

Soy lo máximo con la cinta adhesiva

Actividad: Que su hijo recorte del catálogo viejo ilustraciones de sus juguetes favoritos. (Asegúrese de que el pulgar de su hijo esté en la parte superior de las tijeras cuando recorte.)

Enséñele cómo arrancar un pedazo grande de cinta adhesiva para pegar una ilustración. Haga que practique arrancando un pedazo de cinta adhesiva y pegando cada ilustración en el papel, el plato o la bolsa. Escriba: "Los juguetes favoritos de (nombre del niño)".

Agradezca a su hijo por limpiar y guardar el material después de la actividad. Dele las gracias por "apegarse" hasta limpiar el tiradero. ¡Sonría y guiñe el ojo! Su hijo sabrá realmente que usted lo valora.

Material:

Un catálogo de juguetes viejo

Tijeras para niños

Un pedazo de papel, un plato de plástico o una bolsa de papel

Cinta adhesiva

Semana tres: "Apegándose"

Un minuto para mamá: *El corazón de una madre es el salón de clases de un niño.* Henry Ward Beecher

El manejo cuidadoso de las engrapadoras

Material:

Bolsa pequeña

Lupa (opcional)

Engrapadora

Dos pedazos de papel de veinte por cuarenta centímetros

Actividad: Permita que su hijo observe la engrapadora. Pídale que le diga qué sabe de una engrapadora. Menciónele que esta herramienta debe emplearse con cuidado. Señale que tiene la forma del hocico de un lagarto y que *nunca* debe poner los dedos donde se engrapa el papel.

Ahora doble un pedazo de papel. Colóquelo en el lugar correcto para engraparlo. Deje que su hijo ponga las manos encima de la engrapadora y la presione para engrapar el papel. Ahora pídale que doble un pedazo de papel y que lo engrape bajo su supervisión. ¡*Elogie* a su hijo por saber escuchar! Aliéntelo a que haga un dibujo en el interior del librito que creó.

Momentos para recordar ...

Semana cuatro: Mi calle

Un minuto para mamá: *Existe tanta belleza natural en la tierra. Quiero verla en forma diferente a través de los ojos de mi hija, pues a ella le encantan esas cosas sencillas.*

Caminar entre la naturaleza

Actividad: Caminen juntos y disfruten de la belleza al aire libre. Entregue a su hijo una bolsa para que coleccione cosas. En cuanto abra la puerta, pida a su hijo que le platique de todas las cosas interesantes que vea (hojas, pasto, un bicho, etc.). Observen con detenimiento. ¡Sería excelente que tuviera una lupa! Guarde en la bolsa una pequeña muestra de las cosas interesantes.

Señale el número de su casa. Pregunte a su hijo si conoce alguno de los números de esa cifra. Indíquele cuál es el primer número y cuál el segundo. ¿Hay algún número en medio?

Caminen y observen la belleza de la colonia. Localice el letrero con el nombre de su calle. Háblele de las letras e indíquele cuál es la primera letra. Repasen el número y el nombre de la calle de su casa.

En casa, escriba el número que tiene en su entrada y el nombre de la calle, en la bolsa. Extienda los tesoros de su hijo, hable sobre ellos y disfrute la plática acerca de la tierra.

Material:
Bolsa pequeña

Lupa (opcional)

Semana cuatro: Mi calle

Un minuto para mamá: *Criar a un hijo es una responsabilidad extraordinaria que requiere de mi mejor esfuerzo.*

¡Juega, practica y forma!

Material:

Tarjetas bibliográficas de ocho por trece centímetros o pedazos de papel de ese tamaño

Crayolas, lápices o marcadores de colores

Actividad: Repase el número de su casa con su hijo. Escriba cada número en tarjetas separadas. Haga dos juegos.

Entregue un juego a su hijo. Coloque sus tarjetas al azar sobre la mesa. Vea si su hijo puede ponerlas en orden de acuerdo con el número de su casa.

Aliente a su hijo aun si elige el número equivocado. Dígale: "Es magnífico ver que lo intentas... Estoy orgullosa de ti" o "Casi lo logras. ¡Fabuloso!"

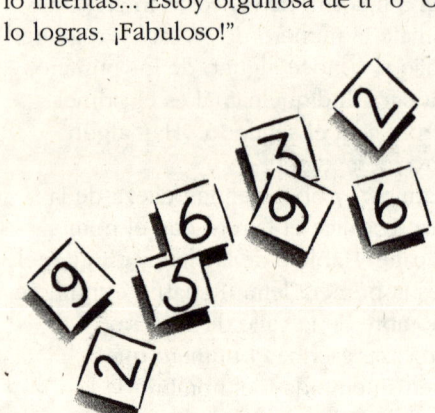

Semana cuatro: Mi calle

Un minuto para mamá: *Ningún hombre que haya tenido una madre devota es pobre.* Abraham Lincoln

Sé dónde vivo

Actividad: Repase con su hijo la dirección de su casa. Organice un juego. Ofrézcale dos opciones cuando le pida que diga su dirección ("¿Vives en la calle de Zacatecas en la colonia Roma o en la calle de Jalapa en la colonia Roma?"). Esto limita sus opciones y ¡le da una oportunidad de encontrar la respuesta correcta! Ahora hable del nombre del lugar donde viven.

Tomen los cinco sobres de papel, coloquen la pestaña hacia arriba para formar un techo y hagan juntos su calle. Dibujen en cada sobre puertas, ventanas, números de casa, etc. El tubo de un rollo de toallas de papel podría servir para hacer el letrero de la calle. Explique a su hijo que su ciudad tiene muchas calles.

Material:
Cinco sobres de papel

Crayolas o marcadores de colores

Momentos para recordar ...

Semana cinco: Ideas llenas de hojas

Un minuto para mamá: *Mi madre fue la fuente de la cual obtuve los principios que guiaron mi vida.* John Wesley

¡"Guau"! Mira esas hojas

Material:

Plato de cartón

Pegamento líquido o cinta adhesiva

Bolsa de papel

Actividad: Entregue a su hijo una bolsa para que recoja distintas hojas de árboles mientras ambos caminan por el jardín o su colonia. Platique con él lo aburrido que sería el mundo si sólo pudiera disfrutarse de un solo tipo de hojas.

Comenten las similitudes y diferencias entre las hojas. Por ejemplo, el tamaño, los colores y las formas. Las hojas son importantes para nosotros. Nos proporcionan el oxígeno necesario para respirar. Debemos cuidar de los árboles.

Cuando lleguen a casa, cuenten las hojas. Ordénenlas por tamaño (chicas, medianas y grandes) y cuenten cuántas tienen en cada grupo. ¿De qué tamaño tienen más, de cuál menos?, ¿son del mismo tamaño? Pegue las hojas en un plato de cartón. (Elogie a su hijo por usar "un poco" de pegamento.)

Semana cinco: Ideas llenas de hojas

Un minuto para mamá: *No abandone a nadie.* Hubert H. Humphrey

Explorando

Actividad: Llame a familiares y amigos, y pídales que recojan cinco hojas diferentes y las guarden en una bolsa. Cuando usted reciba las bolsas, entregue a su hijo otra bolsa para que recoja cinco hojas diferentes de las plantas del jardín o de la colonia. Coloque las hojas del niño sobre la mesa.

Permita que su hijo elija una hoja de cada una de las demás bolsas. ¿Son iguales a alguna hoja que él recogió? Comente con él las similitudes y diferencias entre las hojas. Continúe hasta estudiar todas las hojas.

Primero se pueden entretener ordenando las hojas por color, tamaño, forma, etc. Pida a su hijo que cuente las hojas asegurándose de que señale una a la vez.

Material:
Una bolsa pequeña

Una bolsa con las hojas elegidas por familiares o amigos

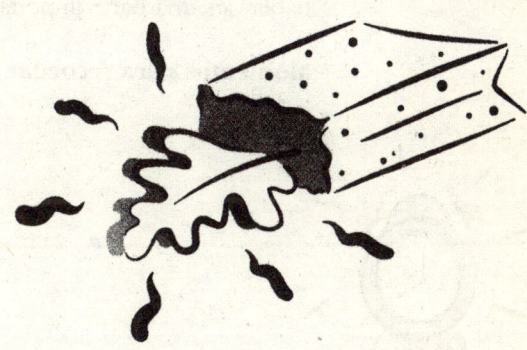

Semana cinco: Ideas llenas de hojas

Un minuto para mamá: *Las palabras amables pueden ser breves y fáciles de pronunciar, pero su eco es permanente.*
Madre Teresa

Un abrazo de un minuto con la mirada

Material:
Un minuto de tiempo ininterrumpido

Bolsa de hojas

Actividad: Juegue con las hojas de ayer. Converse con su hijo y pregúntele, "¿Debemos cuidar de las plantas y los árboles? ¿Por qué?" Acepte lo que él piense. No le hable *a* su hijo, hable *con él*.

Dé a su hijo un "abrazo cariñoso con la mirada". Vea a su hijo durante *un minuto*, mientras él le habla. Apague el televisor y si alguien llama, ¡no conteste el teléfono! Disfrute sus expresiones faciales. Esta mirada de un minuto, directa a sus ojos, le hará sentir que usted lo quiere. Le está demostrando que "mirar a la gente mientras habla" ¡es una parte importante del respeto!

Momentos para recordar...

Semana seis: Las maravillas del agua

Un minuto para mamá: *Creo que la vida es algo interesante, y lo es más cuando se vive para los demás.* Helen Keller

¡A llenar!

Actividad: A la hora del baño, permita que su hijo juegue con una variedad de recipientes de plástico vacíos. Las tazas para medir también son excelentes.

Obsérvelo aprender mientras juega. Hágale preguntas como: ¿cuántas tazas de agua llenan un recipiente de plástico de dos litros?, ¿de un litro? ¿Cuál recipiente tiene menos agua?

Su hijo no sólo saldrá más limpio sino *entenderá* mejor ciertos términos matemáticos y de volumen.

Material: Recipientes de plástico vacíos (de cuatro, dos litros, un litro, etc.)

Semana seis: Las maravillas del agua

Un minuto para mamá: *A veces estoy demasiado ocupada como para sonreírle a mi hijo. Necesito recordar que la simple gentileza de una sonrisa da calor al corazón.*

Pintura de agua

Material:
Dos pinceles usados

Un recipiente para el agua

Actividad: Encuentre un par de pinceles usados. Llene un recipiente con agua y ¡junto con su hijo diviértase aprendiendo una lección sencilla sobre la evaporación!

En la banqueta o, en caso de que no haya una, en un muro de su casa hagan dibujos, letras (practiquen con la primera letra de su nombre), números (pinte el de su casa) y escriba palabras como "Te quiero" con pintura de agua.

Cuando el agua empiece a secarse, pregunte a su hijo a dónde cree que se fue. Explíquele brevemente cómo se evaporó en el aire.

Semana seis: Las maravillas del agua

Un minuto para mamá: *En este mundo, existe más hambre de amor y de aprecio que de pan.* Madre Teresa

Reventar burbujas

Actividad: Agregue una taza de jabón líquido al baño de su hijo. Explíquele que por su seguridad no debe respirar colocando su nariz en el popote para hacer burbujas.

Dé a su hijo un popote para hacer un baño de burbujas soplando con la boca a través del popote. ¡Únase a la diversión!

Pregunte a su hijo: "¿Por qué es tan divertida el agua? Usamos el agua para asearnos, pero ¿se te ocurre otra forma de que usemos el agua? ¿Qué otra cosa en el mundo necesita agua?" Cuando acueste a su hijo para dormir, platique con él sobre la importancia de no desperdiciar el agua.

Material:
Una taza de jabón líquido

Dos popotes

Momentos para recordar…

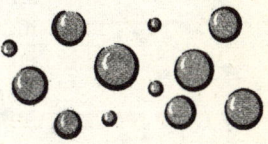

día 1

Semana siete: El amor a los libros

Un minuto para mamá: *¿Es posible que esté tan ocupada que ya no tenga tiempo para disfrutar ser?* Wilson

La visita a una biblioteca

Material: ¡Tiempo y transporte!

Actividad: Visite una biblioteca y revise los libros. Muestre a su hijo cómo firmar una tarjeta de biblioteca. Disfrute el área de libros infantiles. Además de los libros, vea si tienen crucigramas, áreas con material para escuchar, juegos y otras actividades.

Encuentre un área agradable, siente a su hijo en su regazo y léale un libro. Procure hacer de éste un momento que ambos recuerden. Háblele de cómo cuidar los libros, por ejemplo, cómo pasar las páginas y la importancia de tener las manos limpias.

Los niños quieren ser como sus padres. Lea diario a su hijo de modo que él vea su amor y aprecio por los libros. Éstos pueden hacer reír a su hijo, ampliar su mundo y enseñarle conceptos.

Semana siete: El amor a los libros

Un minuto para mamá: *La gran diferencia que encuentro entre mi madre y el resto de la gente...es...que ella siente un verdadero interés por el mundo, por todo y todos.*
Mark Twain

Un momento agradable

Actividad: Lea diario un libro a su hijo. Intente dedicar tiempo a un momento de cercanía y quietud en el que ambos puedan disfrutar y deleitarse con un libro. Después de leerlo, explíquele qué significa la palabra "personaje". Pregúntele quién fue su personaje favorito o cuál fue la parte del libro que más le gustó.

Material:
Un buen libro infantil

Muéstrele qué parte del libro es la portada, pídale que localice los números de página y que adivine dónde está la primera palabra en cada página. Éste es un principio para aprender que en nuestro idioma las palabras se escriben de izquierda a derecha.

Algunas investigaciones han demostrado que cuando los padres leen con frecuencia a sus hijos se convierten en mejores lectores.

¡Usted puede ayudar a que su hijo se convierta en un lector exitoso!

Semana siete: El amor a los libros

Un minuto para mamá: *¡Sonría con frecuencia! Produce alegría en el hogar.*

Los libros y los problemas

Material:
Un buen libro

Actividad: Si tiene temas por explicar a su hijo como si es correcto morder, gritar, ser peleonero, mentir, enojarse; o bien sobre el divorcio o un bebé nuevo, pida a la bibliotecaria un buen libro infantil que pueda leerle a su hijo y que le ayude a afrontar la situación. Los libros son una maravillosa forma de abordar los temas a tratar. Pueden ayudar a que usted y su hijo compartan sus sentimientos y comenten ideas para mejorar.

Es probable que usted viviera un momento así cuando se sintió igual que su hijo.

Momentos para recordar...

Semana ocho: Medir

Un minuto para mamá: *El amor es como un violín. La música puede detenerse de vez en cuando, pero las cuerdas permanecen para siempre.* Bacher

Preparar un dulce

Actividad: Cocinar es una gran experiencia de aprendizaje. Con los ingredientes de la lista, su hijo y usted pueden preparar una crema de cacahuate para jugar. Tal vez ensucie, pero tenga paciencia. Los niños aprenden mejor cuando se involucran activamente.

Permita que su hijo calcule las cantidades, y mezcle la crema de cacahuate y la miel. Agregue poco a poco la leche en polvo hasta que obtenga una consistencia manejable.

Motive a su hijo a que haga algo. Luego vea si puede hacer lo que usted haga: un número, una letra, una figura, etc. *Ahora ¡cómanlo!*

Material:

1 taza de crema de cacahuate

1 cucharada de miel

1 taza de leche en polvo

Cuchara y tazón

Semana ocho: Medir

Un minuto para mamá: *Los niños nunca han sido buenos para escuchar a sus mayores, aunque nunca han fallado en imitarlos.* James Baldwin

Cómo medir con un hilo

Material:

Un pedazo de hilo de veinte centímetros de largo

Una regla de treinta centímetros

Objetos de la casa (una cuchara, por ejemplo)

Actividad: Enseñe a su hijo cómo colocar recto el hilo y medir un objeto de un extremo a otro. ¿La cuchara es más corta o larga que el hilo?

Muéstrele la regla de treinta centímetros. Pida a su hijo que describa qué ve. ¿Puede encontrar el número quince? Coméntele que está a la mitad. Que su hijo observe cómo los números aumentan a partir del uno.

Pídale a su hijo que busque algo en la casa que mida treinta centímetros de largo o use un metro, lo que sea más práctico.

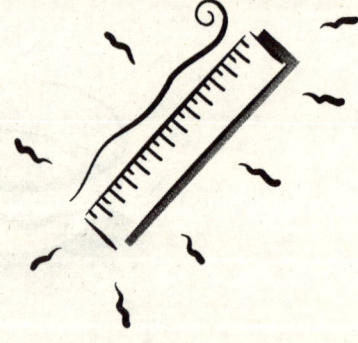

Semana ocho: Medir

Un minuto para mamá: *Cada día es una oportunidad para mejorar.* Michael Pivec

Cómo hacer una herramienta de medición

Actividad: Ayude a que su hijo haga una herramienta de medición. Primero haga una herramienta pequeña pegando de cinco a ocho frijoles a lo largo de la cinta adhesiva hasta llegar a la mitad. (También podría usar otros objetos, como tapas de envases de plástico). Pegue el resto de la cinta sobre la hilera procurando que los frijoles queden bien fijos.

Muestre a su hijo un utensilio y pregúntele si cree que la "cinta de frijoles" es más larga o corta que el utensilio que le está mostrando. Observe cómo mide su hijo. Asegúrese de que empiece en un extremo y que coloque recta la herramienta de medición. *¡Mida otras cosas!*

Material:
Un pedazo pequeño de cinta adhesiva transparente para empacar

Objetos como granos de frijol sin cocer o tapas de envases de plástico

Momentos para recordar...

Semana nueve: Nunca te des por vencido

Un minuto para mamá: *No importa cuánto tiempo vivamos, sino cómo lo hagamos.*
Phillip James Bailey

El valor

Material:
Tiempo para una charla o plática

Actividad: Platiquen de las ocasiones en que su hijo se portó valiente. Por ejemplo, cuando siguió intentando andar en bicicleta a pesar de que tenía un poco de miedo. O tal vez su hijo tenía miedo a la oscuridad pero se fue a dormir sin decir nada. Dígale a su hijo que le agradece su valor.

Siéntelo en su regazo y coloque la mano del niño en la suya. Dígale que hay dos palabras importantes que quiere que recuerde: "Soy valiente". Indíquele que se necesita valor para ir el primer día al *kinder* porque será algo nuevo. Ahora haga que repita estas palabras: "Soy valiente". Dele un gran abrazo y dígale: "¡Claro que lo eres!"

Semana nueve: Nunca te des por vencido

Un minuto para mamá: *La palabra ira tiene en el fondo, una señal de peligro. Cuando mi hijo se porta mal, procuro estar tranquila, ser firme y respetuosa cuando marco los límites.*

Los sentimientos de mamá

Actividad: Cuando lleve a acostar a su hijo en la noche, pídale que repita las dos palabras de las que hablaron antes: "Soy valiente".

Material: Tiempo adicional para el momento de acostar a su hijo

Mientras se sientan juntos, pregunte a su hijo qué significa no darse por vencido. Luego platíquele de una ocasión en que a usted le dio miedo probar algo nuevo, como cuando asistió a una escuela nueva o cuando intentó escribir su nombre por primera vez. Háblele de sus sentimientos y cómo los superó. ¿Tuvo suficiente valor?

Diga a su hijo: "Recuerda que si tienes confianza en ti mismo, ya no tendrás miedo".

Semana nueve: Nunca te des por vencido

Un minuto para mamá: *Quienes piensan de manera positiva tienen confianza y superan el miedo.*

Creer

Material:

Una lata vacía (como de 350 g) sin orillas cortantes

Papel de color claro para forrar la lata

Marcadores

Pegamento

Actividad: Pregunte a su hijo si sabe qué quiere decir tener una actitud buena o positiva. Podría decirle: "Tu actitud fue muy buena cuando te pedí que levantaras tus juguetes. A pesar de que querías seguir jugando, hiciste caso a las palabras de mamá. ¡Gracias!"

Corte un pedazo de papel para cubrir el exterior de la lata. Antes de pegarlo a la lata, ayude a su hijo a escribir en el papel las palabras "Yo puedo". Déjelo hacer dibujos en la lata. Luego usted dibuje una escuela. (Un cuadro sencillo con la palabra "escuela" escrita arriba será suficiente.) Ahora pegue el papel en la lata.

Dígale que recuerde esas palabras tan importantes: "Yo puedo" cuando le cueste trabajo hacer algo y cuando intente hacer algo nuevo. (Dele un buen uso a la lata: puede guardar marcadores, lápices, etc.)

Momentos para recordar...

Semana diez: Mostrar respeto

Un minuto para mamá: *Las sorpresas son una forma maravillosa de decir "Te quiero".*

¡Sorpresa! ¡Tú decides!

Actividad: ¡Sorprenda a su hijo! Deje el programa de televisión que estaba viendo. Dígale que él es mucho más importante que la televisión y que quiere hacer algo con él.

Pregúntele a qué le gustaría jugar o qué actividad quiere hacer. (Por ejemplo, una lucha de almohadazos, hacer títeres con calcetines viejos, leer un libro, etc.)

Luego de estar un rato juntos, dele un fuerte abrazo y pronuncie estas dos maravillosas palabras: ¡TE QUIERO!

Material: Un juego o una actividad que su hijo elija

Semana diez: Mostrar respeto

Un minuto para mamá: *Los niños necesitan de modelos más que de críticas.*
Joseph Joubert

¡Ay! Se me cayeron las crayolas

Material:
Tiempo para estar juntos

Caja de crayolas

Actividad: Juegue a fingir un "accidente" con su hijo. Tome en la mano una caja de crayolas y déjelas caer "accidentalmente".

Pregunte a su hijo qué haría él si le sucediera a otro niño en el salón de clases de la escuela. Permita que comparta con usted lo que piensa. Pregúntele cómo se sentiría una persona si otros niños se rieran cuando se le cayeran las crayolas. Coméntele que en la escuela tendrá que tomar decisiones porque suceden cosas así.

Pregunte a su hijo qué cree que signifique respetar a alguien. Menciónele que él a veces la respeta. Dígale: "Gracias por escucharme cuando guardaste tus zapatos. ¡Lo hiciste sonriendo! Me respetaste y tuviste una actitud positiva de "Yo puedo".

Semana diez: Mostrar respeto

Un minuto para mamá: *Una madre no es una persona en quién apoyarse sino alguien por quien no necesitemos de apoyo.*
Dorothy Canfield Fisher

Ver el bien

Actividad: Observe a su hijo hacer algún bien, como compartir algo con un amigo, guardar los juguetes, llevar sus platos al fregadero, etc. Agradezca a su hijo por ser amable. Menciónele que actuar así es mostrar respeto por otra persona.

Pregunte a su hijo si tiene ideas de cómo mostrar respeto en el *kinder*, como guardar los juguetes en el salón de clases, asegurarse de llevar todos sus trabajos a casa y llevar diario a casa su abrigo o suéter. Dígale que al tratar de hacer estas cosas demuestra amabilidad y respeto.

Comente con él la forma en que otras personas en la familia se muestran amables y respetuosas entre sí.

Momentos para recordar...

Material:
Un ojo observador

Semana once: A divertirse con las figuras

Un minuto para mamá: *Según algunas investigaciones, casi el 90 por ciento de lo que preocupa a una persona, nunca sucede. Debo enfocarme en el momento porque es lo único que puedo cambiar.*

Material:

1 taza de harina

2 cucharaditas de crema tártara

1 cucharada de aceite vegetal

1 taza de agua

1/2 taza de sal

Unas cuantas gotas de colorante vegetal

Cuchara

Tazón para mezclar

Figuras de masa para jugar

Actividad: Prepare esta sencilla receta de masa para jugar. Mezcle los ingredientes en una sartén. Cueza tres minutos a fuego medio. Agite constantemente. La masa se pegará a la cuchara. Enfríe y amase durante diez minutos. Guárdela en un recipiente tapado o en una bolsa de plástico. No es comestible.

¡Únase a la diversión! Junto con su hijo, hagan animales, números, letras, etc. Ahora jueguen a imitar. Usted hace una figura y su hijo intentará hacerla. Empiece con un círculo, luego trate de hacer un triángulo, un cuadrado y un rectángulo. Al comparar dos formas, pregunte al niño en qué se parecen y en qué son diferentes. *Sonría* con frecuencia y experimente la "alegría" de conversar.

Semana once: A divertirse con las figuras

Un minuto para mamá: *Un padre nunca da demasiado amor a un hijo.* Kay Kuzma

¡A comer figuras!

Actividad: Tome una galleta alargada. Pregunte a su hijo qué forma tiene. Rómpala a la mitad y háblele de la forma cuadrada. Luego tome un cuadro y rómpalo a la mitad para formar dos rectángulos. Incluso puede enseñarle la suma al mostrarle que un cuadrado más un cuadrado ¡es igual a un rectángulo! Permita que su hijo se coma cada figura después de decirle el nombre.

¡A los niños les encanta ser maestros! Es su turno de ser el estudiante. Permita que su hijo le dé una galleta y usted diga el nombre de las diferentes formas.

Material: Galletas de harina de trigo entero

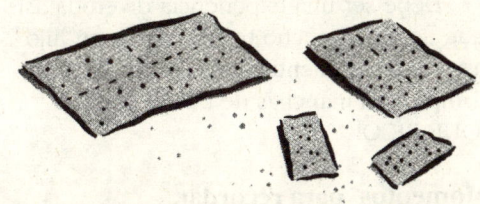

Semana once: A divertirse con las figuras

Un minuto para mamá: *Quiero divertirme más siendo mamá. Debo decidir cambiar mis preocupaciones y problemas actuales por amor y risas.*

Pintar con los dedos usando budín

Material:
Un paquete de budín

Actividad: Prepare el budín favorito de su hijo. Luego, pídale que se lave las manos mientras usted limpia la mesa de la cocina.

¡Deje que su hijo pinte con los dedos usando el budín! Después de cinco minutos de diversión, pídale que haga la primera letra de su nombre y las figuras geométricas básicas. *Reconozca* sus esfuerzos. Tener cinco años significa que su hijo puede ir al *kinder*, de modo que puede elogiarlo por estar creciendo y enseñarle a hacer el número cinco con el budín.

Debe ser una experiencia divertida así que dedique mucho tiempo a que su hijo experimente mientras pinta con los dedos. ¡Limpiar las manchas de budín es fácil! ¡QUÉ RICO!

Momentos para recordar...

Semana doce: Los colores están en todas partes

día 1

Un minuto para mamá: *Ser madre es uno de los trabajos mejor remunerados, ya que se paga con el amor puro.* Mildred Vermont

Los colores en la tienda de abarrotes

Actividad: Cuando lleve a su hijo a la tienda, pasen un tiempo en el área de frutas y verduras viendo los bellos colores de los alimentos.

Si él se está divirtiendo, aproveche este momento y enséñele los nombres de algunas frutas y verduras. Invite a su hijo a que identifique colores en las frutas y verduras. Jueguen a "veo algo" rojo, verde, azul, etc. Observe si su hijo puede encontrar algo que usted esté viendo. Enséñele los nombres de algunos alimentos raros. Procure comer una fruta o verdura diferente alguna vez. (Es muy divertido comer coco, por ejemplo.)

Señale la báscula para pesar los alimentos. Permita que su hijo escoja algunos alimentos para pesarlos y pídale que adivine cuántos gramos pesan. Tal vez usted quiera hacerlo un día que no tenga prisa y no deba comprar muchas cosas. Prográmelo como un "paseo".

Material:
Una salida a la tienda de abarrotes

Semana doce: Los colores están en todas partes

Un minuto para mamá: *¡Me gustaría tener más espontaneidad! Parece que la he perdido con los años. Hoy voy a dejar que mi hijo me tome de la mano y me guíe hacia su mundo de juegos. ¡Los platos sucios tendrán que esperar!*

¡Vivan los colores!

Material:
Energía para echarle porras a los colores

Dos manzanas rojas

Actividad: En algún momento cuando estén comiendo manzanas rojas, sorprenda a su hijo y dígale que usted sabe cómo echar una porra deletreando la palabra "rojo". Agáchese y cuando toque el piso, diga la letra "R". Luego levántese, coloque sus manos sobre las caderas y diga "O". Ahora estire los brazos hasta arriba, con las manos cerradas y diga "J". Luego estire abra las manos y diga "O", enseguida salte y grite "ROJO". Aliente a su hijo para que trate de hacerlo un par de veces y disfrute el reír juntos.

Con la tonada de "Martinillo", cante:
Deletreando los colores
rojo es, rojo es
puedo deletrearlo
puedo deletrearlo
r-o, j-o, r-o, j-o es.

Semana doce: Los colores están en todas partes

Un minuto para mamá: *Limpiar la casa mientras los niños todavía están creciendo es como tratar de quitar la nieve de la entrada antes de que deje de nevar.*
Phyllis Diller

Ordenar por colores

Actividad: Coloque sobre la mesa aproximadamente 1/4 de taza de cereal de colores. Ayude a que su hijo ordene las piezas en filas por color. Cuente y anote el total de cada fila en un pedacito de papel. Ambos pueden poner el número total al final de cada fila.

¿Cuál es la fila más larga? ¿Cuál la más corta? ¿Dónde hay más? ¿Y menos? ¿Cuáles filas tienen la misma cantidad? Cuando terminen, ¡permita que su hijo se coma los "frutos" del esfuerzo de esta actividad de ordenar! *Elogie* sus esfuerzos.

Material:
Un puño de cereal de colores

Momentos para recordar...

Semana trece: Forjar el carácter

Un minuto para mamá: *Puedes dudar de vez en cuando, pero rendirte, jamás.*
Mary Crowley

¡Creo que puedo!

Material: Una historia inventada por usted.

Actividad: Cuente a su hijo una historia en la que un trenecito débil e inseguro logró vencer sus miedos: subir una montaña, cargar sus vagones, entregar su carga completa.

Pídale que le platique su parte favorita del cuento. Pregúntele a su hijo qué haría si en la escuela la maestra le pidiera escribir el número 5 y no supiera. (Acepte sus ideas, como preguntarle a un amigo, a la maestra, practicar, etc.).

Abrace a su hijo y elógielo por sus ideas. Diga, "Me alegra que hayas tenido una buena actitud y que lo intentes cuando tienes que hacer cosas difíciles".

Semana trece: Forjar el carácter

Un minuto para mamá: *Existimos para ayudar a los otros; ¿cuál es el propósito de los otros? No lo sé.* W. H. Auden

¡Sé que puedo!

Actividad: Visite alguna tienda de abarrotes y pida que le regalen cajas de varios tamaños. Son juguetes infantiles creativos maravillosos, ¡así que llene su auto!

Ponga las cajas en el jardín o patio y pida a su hijo que haga un tren. Dígale, "¡Creo que puedes!" Permita que su hijo haga su trabajo usando marcadores, crayolas, estambre, pintura digital, etc. Puede hacerle ventanas a la caja de la máquina haciendo algunos cortes a la caja para que su hijo sea el maquinista. Ahora dígale que se meta.

Invite a un amigo de su hijo. Manténgase a distancia y disfrute viendo a su genio ¡trabajando!

Al arropar a su hijo para dormir, platiquen sobre lo creativo que fue al construir el tren y dígale: "¡Yo sabía que podías hacerlo!"

Material:

Cajas de cartón de alguna tienda

Marcadores y crayolas de colores

Artículos reciclables (telas, tubos del papel, estambres, etc.)

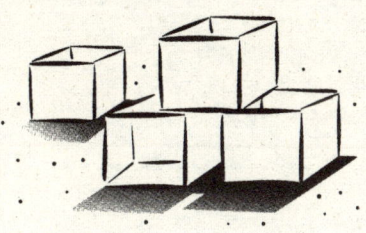

Semana trece: Forjar el carácter

Un minuto para mamá: *La vida no siempre es fácil. Debo inculcar a mi hijo la necesidad de "realmente intentarlo" a fin de que pueda desarrollar un espíritu fuerte para afrontar la vida.*

Mensaje en una canción

Material:
Ninguno

Actividad: Cante la canción "Gusi, gusi araña". Pregunte a su hijo si la arañita se rindió o no cuando vino la lluvia. Háblele sobre cómo la araña tenía una actitud de "yo puedo" y nunca se dio por vencida.

Dígale: "Si no puedes escribir la letra 'b' (o cualquier otra cosa en la que esté trabajando) en este momento, ¿qué crees que deberías hacer?" Acepte sus ideas, como pedirle ayuda a alguien o averiguar por su cuenta y practicar.

Agradezca a su hijo por entender que es importante seguir intentando.

Momentos para recordar...

Semana catorce: La importancia de saber escuchar

día 1

Un minuto para mamá: *Una persona puede marcar la diferencia y todos deberían intentarlo.* John F. Kennedy

Seguir instrucciones

Actividad: Dé a su hijo instrucciones específicas para que haga algo con la masa. *Recuerde, ¡sonría a menudo!* Es una forma importante de demostrarle su amor.

Material: Masa de la semana 11, día 1

Pida a su hijo que haga:
1. un círculo plano
2. un cuadrado plano

Indique al niño que ponga el círculo encima del cuadrado. Platiquen sobre lo qué podrían ser las dos figuras encimadas. Ahora usted juegue a ser la alumna. Permita que su hijo le dé instrucciones para hacer algo con la masa.

Elógielo por saber escuchar y mencione cuánto apreciará la maestra a quienes saben escuchar en el salón de clases. Explíquele brevemente qué se siente cuando alguien no escucha, y uno se siente ignorado. Dígale que a usted le da gusto que él la escuche.

Semana catorce: La importancia de saber escuchar

Un minuto para mamá: *Con perseverancia, el caracol llegó al arca.* Charles Spurgeon

¡Puedo escuchar!

Material:
Una silla de la cocina

Actividad: Coloque una silla de la cocina en el centro de una habitación. Dé instrucciones a su hijo:

1. Camina lentamente alrededor de la silla
2. Párate junto a la silla
3. Siéntate quietecito en la silla
4. Pon tu codo sobre la silla

Si a veces no entiende, sea amable, *sonría* y repita la instrucción. Ahora es su turno de recibir instrucciones de su hijo.

Cante esta canción con la tonada de "A la rorro":

Si oigo a mi maestra
todo aprenderé
Yo puedo lograrlo
sé escuchar muy bien
Yo puedo lograrlo
sé escuchar muy bien

Semana catorce: La importancia de saber escuchar

Un minuto para mamá: *Los niños son como flores delicadas. ¡Las palabras de aliento los hacen florecer!* Henry Ward Beecher

Para resolver problemas es necesario escuchar

Actividad: Trate de sorprender a su hijo cuando *esté discutiendo* con un amigo. Acérquese a ellos y sepárelos. Dígales que cada uno tendrá la oportunidad de contar lo que pasó, pero que cuando uno esté hablando, el otro debe estar callado y escuchar. Después de que cada niño cuente su versión de la historia, dígales que ambos tienen una excelente forma de pensar y que usted cree que pueden resolver cualquier problema tranquilamente.

Déjelos y vaya a hacer sus cosas, pero quédese cerca por si se le necesita. Ojalá los niños puedan escucharse y resolver pacíficamente su problema. De lo contrario, ayúdelos a encontrar una solución. Pregúnteles cómo se sintieron cuando el otro le escuchó.

Momentos para recordar...

Material: Ninguno

Semana quince: Ser más responsable

Un minuto para mamá: *Actúe como si lo que hace marcara una diferencia. ¡Así será!*
William James

A poner la mesa

Material:
Cubiertos

Servilletas

Actividad: Permita que su hijo la ayude a poner la mesa. Enséñele que hay un lugar para cada cosa (el tenedor, a la izquierda, sobre la servilleta; el cuchillo y la cuchara, del lado derecho). Cada uno tiene su lugar especial, como en el caso de sus juguetes.

Mencione que en la escuela habrá un lugar especial para las crayolas, los juguetes, los libros y los abrigos. Háblele sobre cómo luciría el salón de clases si los niños no pusieran las cosas en el lugar correcto. Platiquen de lo difícil que es encontrar las cosas si no tienen un "hogar".

Pregunte a su hijo si tiene alguna idea sobre cómo mantener la casa en orden o acerca de dónde deben tener su "hogar" ciertas cosas. Recuerde agradecerle su ayuda cuando lo vea llevar a cabo algunas de sus ideas.

Esta conversación podría conducir a que el día de mañana sea más ordenado y responsable.

Semana quince: Ser más responsable

Un minuto para mamá: *A veces me es más fácil guardar sus juguetes, pero sé que debo enseñarle a hacerlo. Quiero que mi hijo sea independiente y responsable.*

¡Soy capaz!

Actividad: Junto con su hijo, haga una lista de actividades que podría hacer por sí solo. Por ejemplo, tender su cama, trozar la lechuga para una ensalada, guardar sus juguetes antes de sacar otros, llevar su plato al fregadero después de comer.

Póngale el nombre de su hijo a la lista y las palabras "¡_____ es responsable!" Su hijo puede decorarla con marcadores de colores.

Felicítelo por lo responsable que puede ser.

Explíquele que ser responsable significa que uno puede hacer cosas por sí mismo, sin que se lo pidan.

Material:
Una hoja de papel

Lápiz, crayolas o marcadores de colores

Semana quince: Ser más responsable

Un minuto para mamá: *La maternidad es una fuerza poderosa que puede ayudar a cambiar al mundo.* Sharon Wilkins

Plática familiar

Material:
Ninguno

Actividad: Platiquen en familia acerca de cómo todos forman parte de un equipo donde cada uno tiene sus propias responsabilidades. Cada persona debe hablar sobre sus responsabilidades.

Cuando lo lleve a acostar, pregunte a su hijo cuáles cree que serán sus responsabilidades en la escuela. Concluya diciéndole que su trabajo será aprender, tener nuevos amigos y ¡divertirse!

Momentos para recordar...

Semana dieciséis: Hacer música

Un minuto para mamá: *¿Qué sensación es más agradable que la mano de un niño en la tuya? Tan pequeña, tan suave y tibia, como un gatito acurrucándose en el refugio de tu regazo.* Marjorie Holmes

A bailar y disfrutar

Actividad: Haga maracas con latas chicas de aluminio vacías. Revise que no tengan orillas cortantes en la abertura. Deje que su hijo llene las latas con artículos pequeños como piedritas, maíz palomero o botones, y tape la abertura con cinta adhesiva. Ponga algo de música y anime a su hijo a crear un ritmo.

Jueguen a "Lo que hace la mano, hace la tras". Haga un movimiento y pida a su hijo que la imite. Después cambie el movimiento y luego regrese al original. Dígale a su hijo que eso se llama patrón, un patrón AB porque usted ejecutó dos movimientos diferentes.

Ahora deje que su hijo la guíe en un movimiento corporal. Cuando su hijo inicie un segundo movimiento, elógielo por crear un patrón AB.

Material:
Latas chicas de aluminio vacías

Objetos pequeños (botones, maíz palomero, etc.)

Música

Semana dieciséis: Hacer música

Un minuto para mamá: *Todo lo que soy o espero ser se lo debo al ángel que es mi madre. Recuerdo sus plegarias, que siempre me han acompañado. Las he llevado conmigo toda la vida.* Abraham Lincoln

Toco mi guitarra

Material:
Caja de zapatos vacía

Ligas

Otras cajas pequeñas (opcional)

Actividad: Juntos creen un instrumento para que su hijo lo toque mientras canta sus canciones favoritas.

Simplemente estire las ligas sobre diferentes partes de una caja de zapatos vacía abierta. ¡Pulse las cuerdas mientras canta! Finja que es una guitarra real. (Deje que aflore el niño que hay en usted.)

Ensaye con cajas de diferentes formas y ligas para crear una variedad de sonidos.

Semana dieciséis: Hacer música

Un minuto para mamá: *Mi hijo ríe con facilidad. Quiero crear más oportunidades para que yo pueda sonreír.*

¡Ay chicharras!

Actividad: ¡Haga una chicharra junto con su hijo! Déjelo decorar el tubo de papel chico con crayolas, marcadores, etc. Luego tape firmemente un extremo del tubo con papel encerado. (Sujételo con una liga apretada). Haga un orificio de unos seis milímetros cerca en el extremo del papel encerado dentro del tubo.

Acérquese el tubo a la boca y...: ¡A zumbar!

Momentos para recordar...

Material:

Un tubo de papel chico

Marcadores, crayolas de colores

Un trozo de papel encerado

Una liga

día 1

Semana diecisiete: Descubre tus sentidos

Un minuto para mamá: *El minuto mejor aprovechado es el que se invierte en la gente.* Blanchard y Johnson

Mis manos son especiales

Material:

Una lata chica vacía (340 g)

Un calcetín viejo grande

Artículos pequeños

Actividad: Pida a su hijo que le muestre sus generosas manos. Ahora pídale que le enseñe una manos enojadas, apretando los puños. Pregúntele qué tipo de manos preferirían sus amigos. Hable con él sobre la singularidad de sus manos y la forma en que éstas lo ayudan a hacer muchas cosas. Pida al niño que mencione algunas de las cosas que más disfruta hacer con las manos.

Ahora, comiencen el juego de las sensaciones "instantáneas". Para ello meta la lata vacía sin orillas cortantes dentro de un calcetín grande. Cada miembro de la familia debe poner dos objetos pequeños dentro de la lata sin decirle a nadie lo que son. Luego todos se turnan para meter la mano en la lata, sentir un objeto y tratar de identificarlo sin sacarlo.

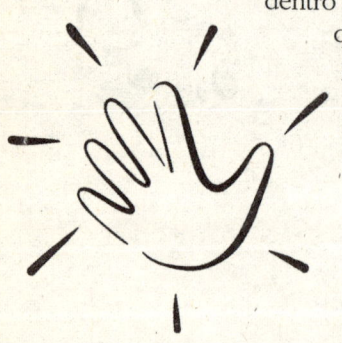

Semana diecisiete: Descubre tus sentidos

Un minuto para mamá: *Si estás demasiado ocupado para ayudar a quienes te rodean a que tengan éxito, estás demasiado ocupado.*
Bob Moawad

Ojitos pajaritos

Actividad: Corte cuadros de papel de unos cinco por cinco centímetros y en ellos escriba cada una de las letras del nombre de su hijo (una por cuadro). Ayúdelo a dibujar una estrella en tres cuadros más y póngalos todos en la lata dentro del calcetín.

Ahora haga una cuadrícula de unos cinco por cinco centímetros en una tira de papel. Escriba el nombre de su hijo poniendo una letra por cuadro. Coloque esta tira sobre la mesa de modo que su hijo pueda verla.

Pídale que saque de la lata una letra a la vez y trate de ponerla sobre el sitio que corresponde en la tira de papel. Observe si puede lograrlo antes de sacar las tres estrellas.

Ayude a su hijo a poner las letras sobre los cuadros correspondientes en la tira de papel. Elógielo por su esfuerzo.

Material:
La lata y el calcetín de la semana 17, día 1

Cuadros de papel de 5x5 cm

Una tira larga de papel

Semana diecisiete: Descubre tus sentidos

Un minuto para mamá: *La fortaleza de carácter se puede adquirir en el trabajo, la belleza de carácter se aprende en el hogar.*
Henry Drummond

¡Puedo oír!

Material:
Una grabadora

Un casete virgen

Actividad: Recuérdele a su hijo lo maravilloso que es el cuerpo humano. Pregúntele qué partes de su cuerpo necesitó para realizar los juegos de la lata (semana 17, días 1 y 2).

Deje que su hijo elija diferentes sonidos a fin de grabarlos en el casete virgen, como ladridos y el sonido que se produce al cepillarse los dientes. Reproduzca la grabación para que la familia la escuche después de la cena a ver si pueden adivinar de qué se trata.

Momentos para recordar...

Semana dieciocho: ¿Yo? ¿Independiente? ¡Sí!

Un minuto para mamá: *No existe mejor ejercicio para el corazón que inclinarse y ayudar a las personas a levantarse.*
John A. Holmes

Sé cómo y cuándo marcar el número de emergencias

Actividad: Es importante crecer sintiendo seguridad en uno mismo y si le enseña a su hijo a ser independiente, desarrollará su autoestima.

Diga a su hijo que tiene edad suficiente para aprender a marcar el número de emergencias en un caso necesario. Recuérdele la importancia del teléfono, que no es un juguete y que el número de emergencias nunca se debe marcar a menos que haya una verdadera emergencia. Dele algunos ejemplos.

Escriba el teléfono de emergencias de su localidad con números grandes. Enseñe a su hijo cómo marcar el número de emergencias en el aparato telefónico. Permita que su hijo practique diciendo: "Necesito ayuda" de forma lenta y clara. (Nota: algunos teléfonos tienen un botón especial para el número de emergencias.)

Abrace fuerte a su hijo y felicítelo por ser responsable.

Practique esta actividad una vez a la semana hasta que esté segura de que su hijo puede hacerlo bien. Tenga cuidado de no asustarlo. Resalte el hecho de que sólo está adquiriendo una habilidad que probablemente nunca use.

Material:
Un teléfono

Papel y un marcador o crayola

Semana dieciocho: ¿Yo? ¿Independiente? ¡Sí!

Un minuto para mamá: *Es bueno ser capaz, pero la verdadera prueba es ser capaces de descubrir la capacidad de otros.*
Elbert Hubbard

Puedo guardar mis juguetes

Material:
Los juguetes de su hijo

Cajas de plástico transparentes para organizar los juguetes

Actividad: Enseñarle a su hijo a guardar sus juguetes lo ayudará a ser más responsable e independiente.

Compre algunas cajas de plástico transparentes para guardar los juguetes. Dígale que tiene una nueva regla que ayudará a que la casa esté más limpia y sea más segura. Pregúntele qué cree que sucedería si todos dejaran sus cosas tiradas en el piso. Alguien podría tropezar y caer, sería difícil encontrar algunas cosas, etc. Juntos, guarden los juguetes del niño en cajas transparentes en su habitación.

Juegue durante unos momentos con uno de los juguetes favoritos de su hijo. Al terminar, pregúntele qué debe hacer con los juguetes. *Agradezca a su hijo por ser responsable e independiente.*

Semana dieciocho: ¿Yo? ¿Independiente? ¡Sí!

Un minuto para mamá: *A veces prefiero hacer las cosas que enseñarle a mi hijo que las haga. Pero esta noche, le mostraré cómo preparar la lechuga para una ensalada y disfrutaré el estar juntos.*

día 3

¡Mira lo que puedo hacer!

Actividad: Enseñarle a su hijo a abotonar una camisa, a usar cierres y a amarrarse las agujetas lo ayudará a ser más independiente y lo preparará para la escuela. Elija una tarea en la que su hijo necesite ayuda y divídala en pasos pequeños. Aprender a amarrarse las agujetas, por ejemplo, puede ser un proceso largo, así que tenga paciencia y enséñele esta habilidad paso a paso.

Nos sentimos bien con nosotros mismos cuando podemos hacer algo sin ayuda. Su hijo también.

¡Felicítelo por intentarlo! La diligencia es una gran cualidad en la vida.

Momentos para recordar...

Material:
Una camisa o blusa para abotonar

Una prenda que tenga cierre

Zapatos con agujetas

Semana diecinueve: Mi mundo

Un minuto para mamá: *No esculpiste un trozo de mármol sin forma en un diseño lleno de vida, más bien, con una escultura más delicada diste forma a esta alma mía.*
Thomas Fesseden

¡Gotitas!

Material:

Agua

Un trozo de papel encerado de unos veinte por veinticinco centímetros

Una toalla de papel

Opcional: un gotero

Actividad: Pida a su hijo que observe gotas de agua sobre un papel encerado. Permita que él vierta unas gotas sobre el papel. (Quizá tenga que enseñarle cómo usar un gotero.)

¿Su hijo puede hacer que las gotas se muevan soplándoles suavemente? ¿Puede "jalar" una gota pasando el gotero a través de ella? Use una esquina de una toalla de papel para secar una gota a la vez. Deje que su hijo se sienta científico y que investigue probando diferentes cosas. ¡Y es fácil de limpiar! Ofrezca a su hijo muchas oportunidades de poner en práctica su curiosidad y creatividad. Algunas veces, el "hacer locuras" brinda una gran experiencia de aprendizaje.

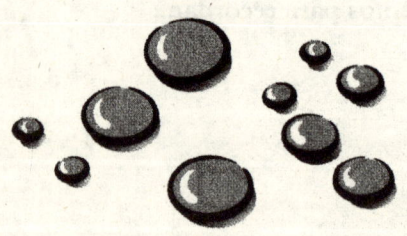

Semana diecinueve: Mi mundo

Un minuto para mamá: *Todo lo que embellece, nutre y alienta la vida, es bueno.* Albert Schweitzer

Pinta mis pies como una mariposa, mami

Actividad: Lea el libro de Eric Carles, *La oruga muy hambrienta,* o cualquier otro libro sobre mariposas. Hable con su hijo sobre su belleza. Señale que las mariposas son simétricas (sus coloridos diseños son iguales en ambas alas).

Aquí viene la parte *divertida*. Siente a su hijo en una silla, fuera de su casa, mientras le pinta las plantas de los pies de forma idéntica, por ejemplo, ambos dedos gordos en amarillo, los otros dedos en rojo y las plantas de los pies en azul. Pare a su hijo sobre el papel y después en una bandeja con agua para enjuagarle los pies. Dibuje unas alas alrededor de las huellas de sus pies. Dibuje unas antenas y ¡tendrá una hermosa obra de arte! Otro día, inténtelo con las manos. Debajo de las huellas escriba: "Las manos generosas de _____", con el nombre de su hijo.

Material:
Un trozo de papel de unos treinta por treinta y tres centímetros

Pintura digital (por lo menos dos colores)

Semana diecinueve: Mi mundo

Un minuto para mamá: *No recordamos días, recordamos momentos.* Césare Pavese

¡Soy un científico!

Material:
El corazón de una manzana

Una lupa (opcional)

Actividad: Pregunte a su hijo si sabe lo que es un insecto. Dígale que existen muchos tipos diferentes en el mundo y que un insecto tiene seis patas y su cuerpo se divide en tres partes.

Pregúntele si sabe qué hace un científico. Coméntele que él puede ser un científico. Pídale que coloque el corazón de una manzana en el patio o jardín y que lo observe diariamente, teniendo cuidado de que use zapatos y que no se acerque demasiado a las hormigas u otros insectos. (Algunos niños son muy alérgicos a las picaduras de insectos.)

Momentos para recordar...

Semana veinte: Hacer libros

Un minuto para mamá: *Tengo que dejar todo lo que esté haciendo cuando mi hijo finja que lee para mí. Definitivamente, es un momento para recordar.*

¡Puedo leer!

Actividad: ¡Su hijo puede convertirse en autor e ilustrador de su propio libro! Pida a su hijo que la ayude a recortar palabras conocidas de revistas, cajas de alimentos y periódicos viejos.

Pegue cada palabra en una página. Engrape las páginas por el lado izquierdo. *¡Sorpresa!* Su hijo puede leer algunas palabras.

Disfrute escuchando los comentarios de su hijo al realizar esta actividad. Dígale palabras amorosas. Hablar *con* su hijo y no *a* su hijo ayuda a elevar su autoestima. Escuche mientras su hijo "lee" para usted.

Material:

Un pedazo de papel de unos quince por veinte centímetros

Tijeras para niños

Pegamento blanco

Revistas, cajas de alimentos, periódicos viejos

Semana veinte: Hacer libros

Un minuto para mamá: *Cuando la Madre Teresa recibió el Premio Nobel, le preguntaron: "¿Qué podemos hacer para promover la paz mundial?" Ella contestó: "Vayan a casa y amen a su familia".*
Anónimo

Soy un autor

Material:
Diez hojas blancas de papel de unos diez por quince centímetros

Una perforadora

Lápices, crayolas o marcadores de colores

Actividad: Muestre a su hijo cómo hacer un orificio en el papel. Dígale que es tiempo de hacer un libro de números usando la perforadora.

Ayude a su hijo a perforar un orificio en una hoja de papel, dos en la siguiente, tres en otra, continuando hasta que las diez páginas tengan orificios. (Si su hijo se cansa, ofrézcale ayuda o haga un libro de sólo cinco páginas.)

Engrape las páginas para formar un libro. Ayude a su hijo a escribir los números en cada página. Incluso puede escribir los nombres de los números para que su hijo pueda *"leer"* el número después de contar los orificios.

Escriba un título y deje que su hijo anote su nombre ¡no olvide que es el autor!

Semana veinte: Hacer libros

Un minuto para mamá: *Lo más hermoso que podemos hacer por nuestro creador es ser bondadoso con uno de sus hijos.*
Santa Teresa de Ávila

¡Un encantador libro objeto!

Actividad: Indique a su hijo que va a hacer un libro usando bolsas de plástico para sandwich.

Pídale que coloque un objeto interesante en cada bolsa y que las cierre (por ejemplo, una moneda, un botón, una piedra). Escriba el nombre de cada objeto en su bolsa con un marcador permanente. Perfore la misma esquina de todas las bolsas y únalas con un trozo de estambre.

Deje que su hijo lea su libro a otros. Escriba un título y la palabra "de". Luego diga a su hijo que escriba su nombre y celebren que es un autor.

Momentos para recordar...

Material:

Diez bolsas de plástico para sandwich con cierre hermético

Un marcador permanente

Una perforadora

Un trozo de estambre para unir el libro

Semana veintiuno: Juguemos antes de dormir

Un minuto para mamá: *No podemos hacer grandes cosas. Podemos hacer cosas pequeñas con un gran amor.*
Madre Teresa

Diversión con linternas

Material:
Una linterna

Un papel de color claro de unos veinte por cuarenta y cinco centímetros

Un marcador de color oscuro

Actividad: Escriba las letras del nombre de su hijo (cada una con una altura de diez centímetros) en una hoja de papel usando un marcador oscuro. Péguela en una pared de la habitación de su hijo de modo que pueda verla al acostarse.

Cuando lo arrope por la noche, apague la luz y dele una linterna. Como juego, pídale que ilumine la primera letra de su nombre, luego la última letra, luego otra letra. La siguiente vez, ponga los números del uno al diez o figuras de colores diferentes en la puerta. ¡No olvide decir a su hijo qué listo es!

Disfrute este pacífico momento con su hijo. Cántele la siguiente canción con la tonada de "Martinillo" y descríbale cómo lo vio brillar cuando fue amable con una persona en particular.

Estrellita tan bonita
eres tú, eres tú
Qué bonito brillas
Qué bonito brillas
Mi amor, mi amor.

Semana veintiuno: Juguemos antes de dormir

día 2

Un minuto para mamá: *Cuando envejezca, no quiero desear haber pasado más tiempo con mi hijo. ¡Su presencia es un regalo que debo disfrutar!*

¿Cuál es la pista?

Actividad: Hoy en la noche, juegue al detective con su hijo antes de dormir. Proporciónele tres pistas acerca de un objeto en su habitación y vea si él puede adivinar a qué objeto se refiere. (Al principio del juego dele pistas fáciles y poco a poco hágalas más difíciles.) Describa sólo cinco objetos o menos si ve que su hijo pierde interés.

Túrnense e intente adivinar siguiendo las pistas que le dé su hijo.

Material:
Ninguno

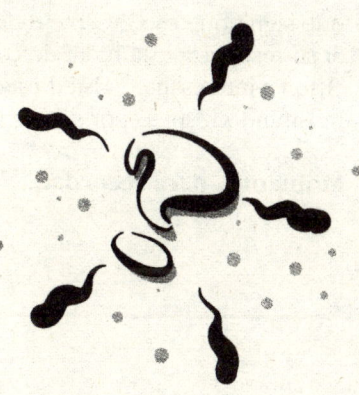

Semana veintiuno: Juguemos antes de dormir

Un minuto para mamá: *Si posees algún conocimiento, permite que otros se iluminen con él.* Margaret Fuller

Una luz agradable

Material:
Una vela y cerillos

Actividad: A la hora de dormir, acurrúquese con su hijo en la cama. Cuéntele de cuando "hace mucho tiempo" la gente tenía que usar velas en lugar de luz eléctrica. Encienda y sostenga una vela. (Diga a su hijo que nunca juegue con cerillos.) Apague todas las luces y disfruten de la quietud del momento.

Comente con él cuán brillante es la luz y la forma en que su brillo hace desaparecer la oscuridad. Platíquele cómo la generosidad hace que la tristeza desaparezca y que usted cree que él puede ser una luz para otros. Pregúntele qué cree que signifique eso. Acepte todas sus ideas. Si su respuesta está fuera de contexto, diga "Eso es interesante". Usted estará mostrando respeto por sus pensamientos.

Momentos para recordar...

Semana veintidós: Hacer amigos

Un minuto para mamá: *Uno supera todo, pero nunca se recupera de la infancia.*
Bainbridge

Soy un amigo

Actividad: Sin que su hijo sepa, ponga un espejo dentro de una caja con tapa. Siente a su hijo en su regazo y dígale que tiene algo muy especial dentro de la caja. Primero diga, "Antes de que veas dentro, quiero hablarte del significado de la palabra *amigo*". Puede preguntarle:

1. ¿Quiénes son algunos de tus amigos?
2. ¿Qué hacen tus amigos que te guste?

Coméntele que usted tiene un amigo especial dentro de la caja. Diga, "Lo que hay dentro de la caja, lo quiero con todo mi corazón y significa todo para mí".

Deje que su hijo se asome dentro de la caja. Verá su propio reflejo. Dígale, "*¡Sorpresa, eres tú!*"

Material:
Una caja con tapa

Un espejo

Semana veintidós: Hacer amigos

Un minuto para mamá: *Nunca digas que has desperdiciado tu afecto, el afecto nunca se desperdicia.*
Henry Wadsworth Longfellow

Los amigos

Material:
Tiempo

Paciencia

Actividad: Invite a jugar a un amigo de su hijo. Antes de que llegue, ayude a su hijo a planear algunas cosas divertidas para que juegue con su amigo. Planeen un refrigerio para después de jugar. Platiquen sobre compartir y ser un buen amigo.

Semana veintidós: Hacer amigos

Un minuto para mamá: *La fragancia siempre perdura en la mano que entrega la rosa.* Heda Bejar

Un árbol de la amistad

Actividad: Invite a tres amigos de su hijo a una fiesta de la amistad. Dígales que los invitaron porque todos son buenos amigos. Coloque los recipientes en la mesa de la cocina y muestre las ramas a los niños. Explíqueles que son "árboles de la amistad" y que ellos van a escribir sus nombres y colgarlos en los árboles.

Ayude a cada niño a anotar su nombre en tres pedazos de cartulina, usando marcadores, trozos de tela y papel, crayolas, botones y diamantina. Cuelgue un nombre en cada árbol y escriba en el recipiente: "Los amigos de_____" y el nombre de cada niño.

Puede ofrecerles un refrigerio y luego que se lleven su árbol a casa.

Momentos para recordar...

Material:

Cuatro ramas chicas clavadas en recipientes (por ejemplo, en latas con arena)

Cartulina

Tijeras para niños

Marcadores o crayolas de colores

Artículos variados como retazos de tela, diamantina, botones, etc.

Semana veintitrés: Reunir y clasificar

Un minuto para mamá: *Día normal, permíteme tener conciencia del tesoro que representas.* Autor desconocido

Las matemáticas son divertidas

Material:
Tapas chicas de diferentes colores (veinte o más)

Actividad: Pida a su hijo que tome dos puños de tapas de colores y que las acomode en líneas por colores.

Ayude a su hijo a contar con el dedo las tapas de cada fila para que no cuente dos veces la misma tapa. Escriba el total al final de cada fila.

Pregunte a su hijo de cuál color hay más tapas y de cuál menos. Pregúntele si algunos colores tuvieron el mismo número.

¡Felicítelo y sonría! El efecto es mejor que la medicina.

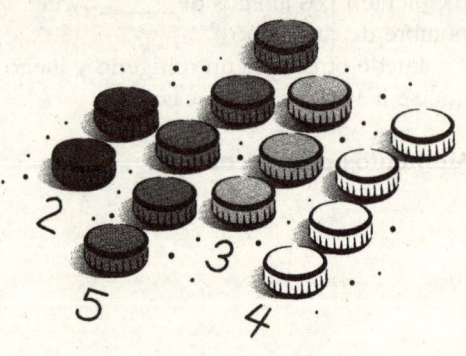

Semana veintitrés: Reunir y clasificar

Un minuto para mamá: *Tiempo después de perder a su madre a la edad de seis años, dijo: "Toda mi vida he atesorado el recuerdo de su voz amable y su contacto tranquilizante".* Ida Comstock Below

¡Mira estos zapatos!

Actividad: Pida a su hijo que reúna de ocho a diez pares de zapatos de la casa, tomando sólo un zapato de cada par. Colóquelos en el piso. (No debe haber pares.)

Juntos, describan cada zapato. Hablen de los colores, de las similitudes y diferencias. Ahora pida a su hijo que clasifique los zapatos por tamaño, chicos y grandes, y luego cuente cuántos hay en cada grupo. ¿Qué grupo tiene más, cuál menos?

A continuación pídale que los clasifique por colores, por viejos y nuevos, y por tener o no agujetas. Enseguida, que los clasifique como él desee y trate de adivinar su criterio para clasificarlos.

Si su hijo tiene problemas con este concepto, tenga paciencia. Jueguen de nuevo al día siguiente con otros diez zapatos diferentes, o botones u otros objetos de la casa.

Material:
De ocho a diez zapatos nones

Diez botones (opcional)

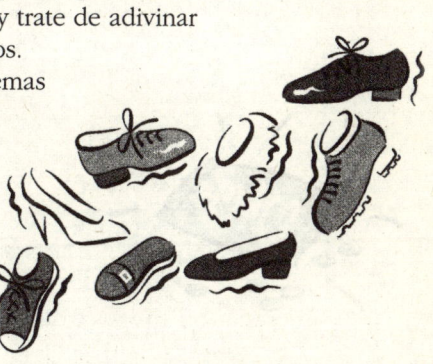

Semana veintitrés: Reunir y clasificar

Un minuto para mamá: *La maternidad tiene muchos momentos agradables, pero sólo se presentan si existe un compromiso absoluto de tener voluntad para resistir los tiempos difíciles.* Stephen y Janet Bly

¡Está en la bolsa!

Material:
Una bolsa chica de dulces de colores (50 g)

Actividad: Compre una bolsa individual de dulces de colores. Pida a su hijo que los separe por colores y que luego los cuente. Cerciórese de que los cuente uno por uno lentamente.

¿Pregúntele de qué color había más en la bolsa? ¿De cuál había menos? A manera de reto, pregúntele si sabe con cuántos le "ganaba" el grupo más numeroso al que tenía menos.

Momentos para recordar...

Semana veinticuatro: Regresar a lo básico

Un minuto para mamá: *Se puede dar sin amar, pero es imposible amar sin dar.*
R. Braunstein

¡Puedo doblar!

Actividad: Doble por la mitad uno de los papeles. Explique a su hijo cuál es el lado doblado (doblez) y cuál es el lado extendido.

Dibuje un medio círculo del lado del doblez y pida a su hijo que lo recorte para obtener un círculo completo. Doble el otro papel y dibuje un medio corazón. Ayude a su hijo a recortarlo. *¡Sorpresa!* Dé a su hijo un gran abrazo y escriba dentro del corazón: "Te quiero".

Durante esta actividad es muy importante repasar los términos de *extendido* y *doblado*. *Mitad* también puede ser una nueva palabra.

Para explicar esto más a fondo, llene a la mitad un vaso con agua o parta una galleta en dos y compártala.

Material:
Dos trozos de papel de veinte por veinticinco centímetros

Crayolas

Tijeras para niños

Semana veinticuatro: Regresar a lo básico

Un minuto para mamá: *Hogar dulce hogar...* T. J. Bach

¿Quién es el segundo en la fila?

Material:
Ninguno

Actividad: Pida a su familia o amigos que hagan una fila en la puerta. Pregunte a su hijo: ¿Quién es el más alto? ¿Y el más bajo? ¿Quién es el primero, el segundo, el tercero? Conceda a su hijo *tiempo para pensar* antes de ofrecerle respuestas.

Realice la actividad en otras situaciones. Pregúntele quién fue el segundo en sentarse a desayunar.

Explíquele que en la escuela la maestra formará a los niños en fila cuando salgan del salón para ir al patio o para realizar otras actividades.

Semana veinticuatro: Regresar a lo básico

Un minuto para mamá: *Ve las cosas como tú harías que fueran, no como son.*
Robert Collier

¿Izquierda? ¿Derecha?

Actividad: Explique los conceptos de "izquierda" y "derecha". Con cinta adhesiva pegue a la barbilla de su hijo un trozo de estambre o cordel de manera que cuelgue dividiendo su cuerpo por la mitad. Explíquele que todas las partes que están de un lado están a la "izquierda". Las del otro lado están a la "derecha".

Parada detrás de su hijo de modo que pueda ayudarlo, pídale que mueva los dedos de su mano izquierda, que diga adiós con su mano derecha, que zapatee con su pie izquierdo y así sucesivamente. Éstos son conceptos que pueden ser difíciles de asimilar, pero que deben integrarse a la vida diaria de su hijo. "Vamos a ponerte el guante *izquierdo*". "Di adiós a la abuela con la mano *derecha*".

Momentos para recordar...

Material:
Un trozo de estambre o cordel de un metro de largo

Mucha paciencia..¡Siga *sonriendo*!

día 1

Semana veinticinco: Las piezas del rompecabezas

Un minuto para mamá: *Mi madre era un ángel que bajó a la Tierra. Fue una fuente de bendiciones para todos quienes la rodeaban.* John Quincy Adams

¡Me rompe la cabeza!

Material:
Un rompecabezas infantil

Actividad: Los rompecabezas estimulan el pensamiento de los niños. Deje un rato su mundo y sea parte del de su hijo durante unos minutos. Armen un rompecabezas juntos. Disfrute las expresiones de su hijo y la manera en que se mueve mientras piensa y coloca las piezas en su lugar.

Palabras como "Falta poco", "Eres sorprendente" y "Lo hiciste muy bien" ayudan a elevar su autoestima.

Agradezca a su hijo por guardar el rompecabezas cuando terminen.

Semana veinticinco: Las piezas del rompecabezas

Un minuto para mamá: *Bendecir a nuestros hijos nos permite entender su única inclinación.* Gary Smalley y John Trent

Ya no es un rompecabezas

Actividad: En un rompecabezas de cartón de su hijo, escriba números consecutivos con un marcador permanente en la parte posterior de cada pieza, empezando por el número uno. (No repita los números.)

En el marco del rompecabezas, copie en el lugar correspondiente los números de las piezas que forman las orillas.

Ahora su hijo puede armar el rompecabezas haciendo coincidir los números.

Material:
Un rompecabezas infantil

Semana veinticinco: Las piezas del rompecabezas

Un minuto para mamá: *Piensa en las bendiciones que hoy disfrutas, como muchos otros hombres; en vez de tus desdichas anteriores, de las cuales el hombre sólo posee algunas.* Charles Dickens

Rompecabezas de mi familia

Material:
Un duplicado de una fotografía familiar

Actividad: Un día, cuando revele fotografías de una reunión familiar pida un duplicado de alguna y haga con ella un rompecabezas para su hijo.

Corte la fotografía en cinco pedazos grandes y pida a su hijo que la arme *observando* la fotografía entera.

Pídale que guarde las piezas en una bolsa de plástico con cierre y que la guarde en un lugar especial en su habitación.

Momentos para recordar...

Semana veintiséis: ¡Mira, puedo!

Un minuto para mamá: *Mi vida me parece muy agitada. A veces siento que debería poner una enorme señal de alto en mi cocina para que cuando mi hijo me hable, deje de hacer lo que esté haciendo y lo escuche con respeto.*

¡Autor! ¡Autor!

Actividad: Ayude a su hijo a hacer un libro de "Yo puedo". Doblen dos hojas de papel por la mitad horizontalmente y engrápelas sobre el doblez. Hablen sobre cosas que él puede hacer, como compartir sus juguetes, dar abrazos y amar . Pídale que piense en otras cosas que puede hacer.

Explique a su hijo que algunas veces hacemos las cosas muy rápido, pero que hoy van a hacer un libro que él deseará "guardar para siempre" si le dedica tiempo. Dígale que les tomará tres días hacer el libro.

Haga la portada escribiendo *Yo puedo* y la palabra "de". Ayude a su hijo a escribir su nombre porque ¡él será el autor e ilustrador! En la página 1, escriba una de las cosas que su hijo dijo que podía hacer. Deje que él lo ilustre y luego ponga el libro en una bolsa de plástico grande con cierre a fin de mantenerlo limpio como un tesoro invaluable (¡y lo será!).

Material:
Dos hojas de papel tamaño carta

Marcadores o crayolas de colores

Engrapadora (ayude a su hijo a usar esta herramienta)

Semana veintiséis: ¡Mira, puedo!

Un minuto para mamá: *Más rico que yo nunca serás, yo tuve una madre que me leía.* Strickland Gillilan

Mira lo que puedo hacer

Material:
El libro *Yo puedo*

Marcadores o crayolas de colores

Actividad: Saque el libro que su hijo está haciendo. Siente al niño en su regazo y lea la primera página con él. Agradézcale por dedicarle tiempo. (A veces los dibujos de los niños son difíciles de entender, pero sonría si no sabe qué son algunas cosas porque *su hijo estará observando su rostro para ver si usted disfruta su trabajo.*)

Hablen sobre otras cosas que su hijo pueda hacer. Elija una y escríbala en la página dos. Mientras su hijo la ilustra, siéntese junto a él y disfruten el tiempo juntos.

Semana veintiséis: ¡Mira, puedo!

Un minuto para mamá: *Cuando me acuesto por las noches, a veces repaso mi día y deseo que la vida de una madre no fuera tan ocupada. Agradezco los mañanas porque me dan otra oportunidad de estar con mi hijo.*

Mi libro *Yo puedo*

Actividad: Encuentre una silla cómoda, cargue a su hijo y lea con él el libro *Yo puedo*. Luego escriba las palabras que su hijo quiera en la tercera página del libro. Mientras él colorea la tercera página, decore una caja chica en la que quepa el libro. Puede incluso pegar una fotografía de su hijo en la portada para que todos vean al autor. (Si no tiene una caja chica, la bolsa de plástico con cierre puede mantenerlo limpio.)

Después de que su hijo comparta su libro con la familia y amigos, guárdelo como un preciado tesoro de infancia que hicieron juntos.

Momentos para recordar...

Material:
El libro *Yo puedo*

Marcadores o crayolas de colores

Una caja chica

Semana veintisiete: Soy un buscador de piedras

Un minuto para mamá: *La verdad, que es importante para un escolar, debe ser concreta. Y no hay nada más concreto que lidiar con bebés, eructos y biberones, ranas y lodo.* Jeane J. Kirkpatrick

Mira lo que me encontré

Material:
Una bolsa de plástico con cierre hermético

Piedras de varios tamaños

Actividad: Entregue a su hijo una bolsa de plástico con cierre para que recoja del jardín diez piedritas de diferentes tamaños.

Juntos, pongan las piedras en el piso y disfruten de su belleza. Hablen sobre su color, tamaño, reflejos, suavidad o rugosidad.

Pida a su hijo que las clasifique en tres grupos por tamaño (pequeñas, medianas y grandes). Colóquenlas en línea para ver cuál grupo es el más o el menos numeroso o si tienen la misma cantidad. (Asegúrese de que su hijo cuente lentamente cada piedra.)

Intente clasificar las piedras en dos grupos por colores oscuros y claros, o por textura lisa y áspera. Ponga las piedras en una bolsa de plástico con cierre para jugar otro día.

Semana veintisiete: Soy un buscador de piedras

Un minuto para mamá: *Cuando miras lo que hay de bueno en otros, descubres lo mejor de ti.* Martin Walsh

¡Mis piedras!

Actividad: Entregue a su hijo la bolsa con piedras y pídale que las ponga sobre la mesa. Dígale que intente hacer algo interesante con ellas. ¡Disfrute la conversación y su creatividad!

Vea si puede establecer un patrón con las piedras: chica, grande, chica, grande, etc. A continuación, explíquele que las letras de su nombre también forman un patrón particular. ¡Sorpréndalo cantando con las letras de su nombre!

Consulte en la biblioteca libros que tengan fotografías de piedras y rocas. (Guarde la bolsa con piedras para el día 3.)

Material:
La bolsa con piedras del día 1

día 3

Semana veintisiete: Soy un buscador de piedras

Un minuto para mamá: *Una roca es sólida y no se mueve. Quiero ser como una roca para mi hijo: estar siempre ahí para escucharlo y ayudarlo.*

¡Soy un clasificador de piedras!

Material:

La bolsa con piedras del día 1

Una caja de zapatos con tapa

Un cuchillo

Un marcador

Actividad: Haga un clasificador de piedras para su hijo.

Tome una caja de zapatos y hágale orificios de diferentes tamaños (chicos, medianos y grandes). Tenga en cuenta el tamaño de las piedras que su hijo recolectó para no hacer los orificios demasiado grandes. Escriba sobre la tapa las palabras "chico", "mediano" y "grande", sobre los orificios correspondientes.

Mencione que quienes se interesan por las piedras se llaman "buscadores de piedras".

Momentos para recordar...

Semana veintiocho: Cómo incrementar la autoestima de su hijo

día 1

Un minuto para mamá: *A nosotros como padres se nos confía la tarea vital de forjar el carácter; de imprimir el sello distintivo de la piedad en la vida de nuestros hijos.*
Maxine Hancock

Por favor mírame cuando soy bueno

Actividad: Muy a menudo, cuando un niño es bueno su comportamiento pasa inadvertido. Por lo general, nos llama la atención cuando se porta mal.

Hoy haga un esfuerzo por observar a su hijo haciendo algo bueno. Por ejemplo, al ser amable mientras juega con un amigo, cuando recoge sus juguetes, al esperar con paciencia o si hace algo por otro niño.

Agradezca a su hijo y luego pregúntele cómo se sintió al actuar con generosidad.

Procure poner atención a las buenas acciones de su hijo y agradézcale con palabras, abrazos y ¡besos!

La generosidad, cuando se refuerza, ¡produce más generosidad!

Material:
Mirada observadora

Semana veintiocho: Cómo desarrollar la autoestima de su hijo

Un minuto para mamá: *A veces, continúo trabajando mientras mi hijo me está hablando y en realidad no lo escucho como debiera. Quiero que sepa que valoro lo que piensa y siente, así que me haré el propósito de escucharlo mejor haciendo un alto y mirándolo con atención.*

Por favor, escúchame mamá

Material:
Una mamá que escuche

Actividad: Otra manera de incrementar la autoestima de su hijo es saber escucharlo cuando le habla.

Piense, ¿cómo se siente usted si le habla a alguien y esa persona no la *mira* o no la *escucha*? O quizá la persona medio escucha pero está ocupada haciendo otras cosas. ¿Siente que está siendo tratado con respeto en esa situación? ¿Vale la pena?

Suena sencillo, pero no es fácil porque estamos demasiado ocupados. Escuchar a nuestro hijo fomenta su autoestima porque le demuestra amor.

Semana veintiocho: Cómo desarrollar la autoestima de su hijo

día 3

Un minuto para mamá: *Los niños requieren de guía y simpatía mucho más que de instrucción*. Anne Sullivan

Quiéreme siempre

Actividad: Es importante que su hijo se dé cuenta de que todos cometemos errores y de que nadie es perfecto.

Al arropar a su hijo a la hora de dormir, cuéntele sobre su juventud y que usted cometió algun error. Háblele sobre sus sentimientos. Afortunadamente, aprendió de la experiencia y sus padres la perdonaron.

Dígale a su hijo que siempre lo amará y que no espera que sea perfecto, sólo que se esmere por hacer las cosas bien.

Material:
Una mamá comprensiva

Momentos para recordar...

día 1

Semana veintinueve: Tesoros reciclados

Un minuto para mamá: *Estoy seguro de que si la gente tuviera que elegir entre vivir en un lugar donde nunca cesara el ruido de niños y vivir donde nunca se escuchara éste, toda la gente buena y saludable preferiría el ruido incesante al silencio incesante.* George Bernard Shaw

¡Puedo ser un astronauta!

Material:

Un recipiente de plástico de cuatro litros

Papel de colores

Marcadores

Cinta adhesiva

Un tapete

Actividad: A la mayoría de los niños le gusta usar sombreros. Dígale a su hijo que van a hacer un sombrero juntos. Háblele del tipo de "sombrero" que la gente usa si vive en el desierto, en los diferentes países, etc.

Escriba la palabra "sombrero" y mencione brevemente que cada letra tiene un nombre y un sonido. Si a su hijo le interesa, haga el sonido de la "s".

¡Aquí viene la diversión! Corte la parte superior (de cinco a siete centímetros) del recipiente de plástico. Enseguida, corte la del parte del asa (unos quince por quince centímetros). Esta parte será la que muestre la cara de su hijo. La parte *inferior* del envase se ajusta a la cabeza de su hijo. O simplemente use cartulina o periódico y cinta adhesiva para hacer un sombrero interesante.

Deje que su hijo lo decore con crayolas o marcadores. Cree una nave espacial poniendo un tapete sobre una mesa. Ahora su hijo (y usted también si lo desea) puede fingir que es un astronauta.

Semana veintinueve: Tesoros reciclados

Un minuto para mamá: *Hoy es un nuevo día. No puedo cambiar el pasado, pero hoy, puedo ser creativa. ¡Mi meta es divertirme más jugando con mi hijo!* Martin Walsh

Títeres hechos de calcetines

Actividad: Meta su mano en un calcetín viejo y proporcione a su hijo marcadores de colores, botones, retazos de tela y otros artículos para hacer un "títere de calcetín".

Primero, escriba la palabra "calcetín" en un pedazo de papel y pida a su hijo que toque la primera letra de la palabra. Recuérdele que es la letra "C" y que tiene un sonido; reprodúzcalo como suena al principio de "calcetín".

Ahora saque todos los artículos reciclables para esta actividad y deje que su hijo haga su propio títere de calcetín.

Quizá su hijo quiera hacer un espectáculo de títeres para la familia. Si voltea una mesa de lado podrán crear un gran teatro guiñol.

Material:

Un calcetín viejo

Marcadores de colores

Botones

Retazos de tela

Semana veintinueve: Tesoros reciclados

Un minuto para mamá: *El amor no mueve al mundo. El amor es lo que hace que ese movimiento valga la pena.* Franklin P. Jones

La familia tubo

Material:
Tubos de cartón de diferentes tamaños

Marcadores de colores

Estambre de colores

Actividad: Pregunte a su hijo qué significa para él la palabra "familia". Explíquele que algunas familias sólo tienen un papá; otras sólo una mamá. Mencione que algunos de los niños en su escuela quizá tengan familias diferentes a la suya.

Dígale cuán agradecida se siente por la familia que tiene y cuánto los ama a todos. Ahora ayude a su hijo a crear su familia usando tubos de cartón de diferentes tamaños. (Un tubo por cada miembro de la familia.)

Decore los tubos poniéndoles caritas, cabello, ropa, etc., usando artículos que encuentre en su casa para representar a su familia. ¡Póngalos como centro de mesa para la cena!

Momentos para recordar...

Semana treinta: El sonido de mi primera letra

Un minuto para mamá: *Nunca se sabe cuál pequeño acto de amor y aliento será el que sus hijos recuerden como ese modo fundamental en que usted los bendijo.*
Gary Smalley y John Trent

¡Hazla sonar!

Actividad: Escriba en un pedazo de papel la primera letra del nombre de su hijo en mayúscula. Pídale que le diga el nombre de la letra. Dígale que observe la letra. ¿Tiene una línea recta? ¿Es bonita? Agradézcale por ser un buen "pensador".

Diga a su hijo que la letra también tiene un sonido. Haga el sonido de la primera letra del nombre de su hijo. Pídale que repita el sonido. Piense en otra palabra que empiece con el sonido de esta letra y dígala. Pregúntele si nota que ambas palabras empiezan con el mismo sonido. (A veces los niños necesitan que se les repitan mucho las cosas para aprenderlas, así que tenga paciencia; lograr habilidad requiere de tiempo.)

Hagan juntos una lista de las palabras que empiecen con el mismo sonido y letra que la del nombre de su hijo. Pídale que subraye la primera letra de todas las palabras. No deje de sonreír, ¡en especial cuando esté enseñando algo nuevo!

Material:
Papel

Marcadores de colores

Semana treinta: El sonido de mi primera letra

Un minuto para mamá: *Recuerdo el día en que mi hijo dio sus primeros pasos. Yo quiero ser una mamá que celebre cada paso que mi hijo dé durante su crecimiento, independientemente de cuán pequeño sea.*

Aprender con masa

Material: La masa del día 1, de la semana 11.

Actividad: Pida a su hijo que con la masa forme la primera letra de su nombre en mayúscula. Quizá tenga que escribirla para que él pueda copiarla.

Repita el sonido inicial del nombre y pídale que haga lo mismo. Formen con la masa objetos que empiecen con la misma letra. Por ejemplo, si el nombre de su hijo empieza con "B", pueden hacer un balón, un botón y una boca. Recuerde hacer que la actividad sea divertida.

Semana treinta: El sonido de mi primera letra

Un minuto para mamá: *La mejor parte en la vida de un hombre bueno son sus pequeños actos anónimos y no recordados, de bondad y amor.* William Wordsworth

día 3

¡Sé que aprenderé los sonidos de las letras!

Actividad: Enseñe a su hijo una canción que hable de las vocales y cántela a menudo.

Material: Ninguno

Momentos para recordar...

Semana treinta y uno: Repaso de las figuras geométricas

Un minuto para mamá: *Empatía es ver el mundo con paciencia y sinceridad a través de los ojos de alguien más. Esto es algo nuevo que no se aprende en la escuela; se cultiva a lo largo de la vida.* Albert Einstein

¡Estoy tomando forma!

Material:
Cartulina de colores y tijeras

Mica adhesiva transparente

Imán

Crayolas o marcadores de colores

Actividad: Recorte figuras geométricas en la cartulina de colores (círculo, cuadrado, triángulo, rectángulo, óvalo, rombo).

Deje que su hijo coloree cada figura. Conforme las vaya terminando, usted cúbralas con mica adhesiva transparente, recorte según la figura y péguele un trozo de imán en la parte posterior.

Aprovechando el refrigerador o en una charola metálica para hornear, juegue con su hijo dándole instrucciones para cada figura. Por ejemplo, "Acerca el círculo al cuadrado", "Toca la forma que tiene tres lados", "Señala el cuadrado", etc.

Mantenga las figuras en el refrigerador para que pueda repasarlas a menudo.

Semana treinta y uno: Repaso de las figuras geométricas

Un minuto para mamá: *La risa es un ejercicio interno*. Norman Cousins

¡Figuras por todas partes!

Actividad: Busque una ilustración en una revista que tenga muchas figuras. Con su hijo en el regazo, vea si puede señalar las figuras que hay en la ilustración.

Dele claves y vea si su hijo puede nombrar el objeto que usted está mirando en la ilustración. Por ejemplo, dígale que es un círculo, que es amarillo y que es caliente. (La respuesta puede ser el Sol.)

Si su hijo está disfrutando el rato que pasan juntos, permítale que elija una ilustración diferente y jueguen de nuevo. (Deje que los platos permanezcan en el fregadero unos minutos más.)

Material:
Una revista

Semana treinta y uno: Repaso de las figuras geométricas

Un minuto para mamá: *Lo que cuenta es lo que uno hace y no lo que tenía la intención de hacer.* Pablo Picasso

Creación de formas

Material:
Cartulina de varios colores

Pegamento y tijeras

Actividad: Recorte figuras geométricas de tres tamaños (círculo, cuadrado, rectángulo, triángulo, óvalo y rombo). La figura mayor no debe medir más de cinco a siete centímetros.

Proporcione a su hijo un pliego de cartulina. (Que no sea del mismo color que las figuras.) Deje que mueva las figuras sobre la cartulina hasta que haga algo con ellas. (Si su hijo no puede crear un objeto con las figuras, déle ideas o simplemente permítale pegarlas, ¡para hacer un *collage*!). Exhiba su obra de arte en un lugar muy visible.

Momentos para recordar...

Semana treinta y dos: Arte en arroz

Un minuto para mamá: *Me pregunto si trato a mi hijo con el mismo respeto que a mis amigos adultos. Es algo en lo que debo reflexionar porque, seguramente, no le gritaría a un amigo porque no puede encontrar sus zapatos.* Martin Walsh

¡Mira lo que hice!

Actividad: Con la caja vacía de pañuelos desechables con abertura ovalada en la parte superior, cree un hermoso portarretratos. Deje que su hijo haga un dibujo para el marco. Calque el óvalo sobre una hoja de papel para que su hijo haga su dibujo del tamaño adecuado.

Recorte la cara superior de la caja de pañuelos desechables. Deje que su hijo esparza pegamento sobre la superficie que recortó. Luego, salpique arroz sobre el área que tiene pegamento. (Use suficiente arroz para que se adhiera.) Hablen sobre la forma del óvalo. Deje secar completamente.

Pegue el dibujo de su hijo al marco terminado. Juntos, decidan dónde colgarlo.

Material:
Una caja de pañuelos desechables con abertura ovalada en la parte superior

Tijeras y pegamento líquido

Una hoja de papel

Una taza de arroz crudo

Crayolas o marcadores de colores

Semana treinta y dos: Arte en arroz

Un minuto para mamá: *El destino de las generaciones por venir está en manos de la mujer.* Theodore Roosevelt

¡Puedo verter!

Material:
Cuatro kilos de arroz o alpiste

Una charola de plástico o de hornear de treinta por treinta centímetros

Recipientes de plástico, jarras, cucharas medidoras, embudos, cucharones, etc.

Actividad: Vierta el arroz en una charola. Permita que su hijo explore las habilidades para medir y verter con cucharas medidoras, ensaladeras de plástico, embudos, cucharones, una jarra chica y otros recipientes de plástico chicos.

Pasará horas de diversión jugando y aprendiendo con el arroz. Enseñe a su hijo a limpiar el desorden antes de empezar a jugar con otro juguete. (Tal vez desee realizar la actividad al aire libre.)

Semana treinta y dos: Arte en arroz

Un minuto para mamá: *Lo único que los niños se acaban más rápido que los zapatos son los padres.* John J. Plomp

Por favor, guárdalo en bolsas mamá

Actividad: Al igual que las bolsas de frijoles, las de arroz son maravillosos juguetes baratos. Aquí le decimos cómo hacer rápido una bolsa de arroz.

Corte el bolsillo de una prenda vieja (blusa, vestido, pantalón o saco). Incluya la tela a la que está cocido el bolsillo, dejando un pequeño margen alrededor de las costuras. Deje que su hijo llene el bolsillo con arroz. Cosa el extremo abierto.

Diviértase lanzando la bolsita de arroz dentro de una caja o una bolsa de papel. Jueguen a aventar y atrapar la bolsa o bailen con ella.

Momentos para recordar...

Material:
Una taza de arroz crudo

El bolsillo de una prenda de ropa vieja (blusa, vestido, pantalón, saco)

Hilo y aguja

día 1

Semana treinta y tres: Ya sé ensartar

Un minuto para mamá: *No cabe duda de que le debo a la amorosa sabiduría de mi madre todo lo brillante y bueno que hubo durante mi larga noche.* Helen Keller

Ensártalo

Material:

Un plato desechable de cartón de aproximadamente quince centímetros de diámetro

Una perforadora

Un trozo de estambre de unos sesenta y cinco centímetros de largo

Pegamento líquido

Opcional: diamantina, cereal, perejil seco

Actividad: Perfore varios orificios alrededor del perímetro de un plato desechable de cartón chico. Los orificios deben estar a unos tres centímetros uno de otro. Pegue con cinta adhesiva un extremo del estambre a la parte posterior del plato. Con el otro extremo del estambre, muestre a su hijo cómo ensartar el estambre por *abajo* y jalarlo desde *arriba*. Luego inserte el estambre en el siguiente orificio y *empújelo* hacia *abajo*. Cante esta canción con la tonada de "La víbora":

A la víbora, víbora de la mar, de la mar
el estambre voy a jalar
por el agujero hacia arriba
y por abajo luego entrará
tras, tras, tras.

Al terminar de ensartar, escriba la primera letra del nombre de su hijo en el centro con pegamento líquido. Deje que su hijo cubra el pegamento con diamantina, cereal molido, perejil seco, etc.

Semana treinta y tres: Ya sé ensartar

Un minuto para mamá: *Hay toda una red de amor con la que puedes atrapar almas.* Madre Teresa

día 2

Ensartar popotes

Actividad: Corte dos popotes de plástico de diferente color en segmentos de unos tres centímetros. Separe los colores colocándolos en recipientes diferentes.

Recuerde con su hijo lo que es un patrón AB (un patrón alterno). Por ejemplo, moverse, detenerse, moverse, detenerse; o parado, sentado, parado, sentado. Muéstrele como enlazar los popotes y crear un patrón de colores alternos.

Antes de empezar, pegue un trozo de cinta adhesiva a un extremo del estambre para que los segmentos de popote no se caigan al ensartarlos. Enrolle un poco de cinta en el otro extremo del estambre para que sea más fácil ensartar los popotes. Luego observe a su hijo para ver si entendió lo que es un patrón AB.

Al terminar, ate los extremos para que su hijo pueda usar su collar. *Dele un abrazo.*

Material:
Dos popotes de plástico de diferente color

Un trozo de estambre de unos sesenta centímetros de largo

Cinta adhesiva

día 3

Semana treinta y tres: Ya sé ensartar

Un minuto para mamá: *Empiezo a sentir que nuestro mundo ha criado más niños que "piden" que niños que "dan". Deseo que mi hijo aprenda la importancia de "retribuir" a la sociedad.*

Un corazón dulce

Material:

Cartulina roja

Perforadora

Un dulce

Un trozo de estambre de unos sesenta centímetros de largo

Actividad: Tener atenciones es una maravillosa cualidad que debe inculcar a su hijo. Aquí le decimos cómo hacer un regalo sorpresa. Ayude a su hijo a doblar la cartulina roja y recortar dos corazones idénticos. Manténgalos unidos y haga varias perforaciones a lo largo de su perímetro, dejando como un centímetro entre cada orificio. Una con cinta adhesiva las partes superior e inferior para que sea más fácil ensartarlos. (Siga las instrucciones para ensartar del día 1 de la semana 33.)

Al terminar, retire la cinta adhesiva y en el corazón coloque un dulce. Juntos, póngalos bajo la almohada de alguien.

Momentos para recordar...

Semana treinta y cuatro: Dos letras importantes

Un minuto para mamá: *Si puedo evitar que se rompa un corazón, no habré vivido en vano.* Emily Dickinson

¡Dos letras de mi nombre!

Actividad: En un cuaderno de notas, sin que su hijo la vea, escriba haciendo bastante presión las dos primeras letras del nombre de su hijo (sólo la primera con mayúscula). Ahora arranque la hoja de papel y deséchela.

Dé a su hijo una crayola de color oscuro. Dígale que hay dos cosas importantes en el papel. Para descubrir lo que son, su hijo debe rayar firmemente el papel de un lado a otro.

¡Magia! ¡Aparecen dos letras importantes! Hablen sobre el nombre de cada letra. Luego tome el dedo índice de su hijo y delinee las letras al mismo tiempo que su hijo repite el nombre de cada letra.

Material:

Un cuaderno de notas

Lápiz

Crayolas

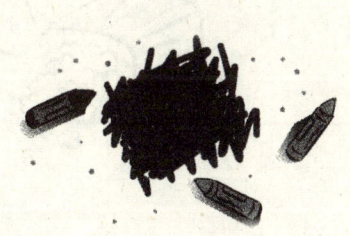

Semana treinta y cuatro: Dos letras importantes

Un minuto para mamá: *Sólo las madres pueden pensar en el futuro porque lo hacen realidad en sus hijos.* Máximo Gorky

Tesoro enterrado

Material:
Una bolsa de palomitas de maíz

Las tapas de dos frascos

Imán

Marcador permante de color oscuro

Actividad: Lave las tapas de dos frascos. Con un marcador permanente, escriba en cada tapa una de las primeras dos letras del nombre de su hijo. (La primera letra debe ser mayúscula, la segunda minúscula.) Ponga un trozo de imán en la parte posterior de cada tapa. Luego, "entierre" las tapas en una bolsa llena de palomitas de maíz.

Diga a su hijo que hay algo muy importante enterrado en las palomitas. Después de que se lave las manos, déjelo encontrar el tesoro.

Una vez que su hijo encuentre las tapas, pídale que las ponga en el refrigerador en el orden correcto. Elógielo por haber hecho un buen trabajo.

Semana treinta y cuatro: Dos letras importantes

día 3

Un minuto para mamá: *Cuando Dios pensó en la madre, debe de haber sonreído de satisfacción y debió haberla enmarcado de inmediato; su obra era tan rica, tan profunda, tan divina, tan llena de espíritu, poder y belleza.* Henry Ward Beecher

¡Cántalo!

Actividad: Repase la primera letra del nombre y apellido de su hijo. Enséñele la siguiente canción con la tonada de "Tin marín":

Material:
Ninguno

De tin marín
de do pingüé
mis dos primeras
letras aprenderé
Cúcara mácara
títere fue
__ primero y
__ después.

Luego su hijo puede cantarle a usted:
De tin marín
de do pingüé
dime tú si sabes
qué letra es.

Momentos para recordar...

Semana treinta y cinco: Necesito tierra

Un minuto para mamá: *Todas las madres son ricas cuando aman a sus hijos. No hay madres pobres, ni feas, ni viejas. Su amor siempre es la más hermosa de las alegrías.*
Maurice Maeterlinck

Comparar tipos de tierra

Material:
Tres bolsas de plástico para sandwich

Una pala pequeña o un cucharón

Tres charolas de plástico

Actividad: Lleve tres bolsas de plástico para sandwich y quizá una palita o un cucharón para recolectar muestras de diferentes tipos de tierra. Durante la caminata con su hijo, dígale que las palabras "suelo" y "tierra" significan lo mismo. Repase los sonidos iniciales de "tierra" y "suelo".

Mírelo mientras habla y dele un abrazo de "un minuto" con la mirada.

Al regresar a casa, coloque las muestras de suelo en tres charolas de plástico para que su hijo pueda examinarlas. Hablen sobre la textura, el color, los objetos que contienen y sobre la composición de la tierra.

Semana treinta y cinco: Necesito tierra

Un minuto para mamá: *Recuerdo una imagen: retrocedo en el tiempo y me veo junto a las rodillas de mi madre.*
John Greenleaf Whittier

¡Me gusta el lodo!

Actividad: Haga que su hijo se ponga la ropa vieja. Consiga media cubeta de arena. Afuera, déjelo verter agua en la arena hasta que le guste la consistencia del "lodo".

Proporcione a su hijo recipientes de plástico (de margarina, yogurt, etc.) para hacer un castillo de arena. Enséñele a moldear la arena mojada.

Antes de acostarlo por la noche, platíquele que se divirtió con él haciendo el castillo de arena. ¡Dígale que es muy creativo e inteligente! Béselo y diga: "Quizá algún día serás arquitecto".

Material:
Ropa vieja para su hijo

Media cubeta de arena

Agua

Recipientes de plástico

día 3

Semana treinta y cinco: Necesito tierra

Un minuto para mamá: *Una casa sin amor puede ser un castillo o un palacio, mas no un hogar.* John Lubbock

"Postre de tierra"

Material:
Una bolsa de plástico chica con cierre

Tres galletas sandwich de chocolate

Rodillo

Opcional: un gusano de gomita

Actividad: Pida a su hijo que machaque las galletas con el rodillo o con las manos dentro de una bolsa de plástico chica con cierre. (Asegúrese de que la bolsa esté sellada para que no se salgan las moronas.)

Ponga las galletas machacadas en una taza. Luego dé a su hijo una cucharita y un gusano de gomita. Ahora su hijo puede fingir que, ¡está comiendo tierra! Hable *brevemente* sobre los sonidos iniciales de las palabras "tierra", "gusano" y "gomita". (Puede invitar a un amigo para que disfrute de comer "tierra" junto con su hijo.)

Momentos para recordar...

Semana treinta y seis: Las semillas son milagros

Un minuto para mamá: *El propósito de la vida es ser una vida de propósitos.*
Robert Byrne

¡Un poco de fe tiene una gran fuerza!

Actividad: Visite el vivero local o camine por su colonia y enséñele a su hijo todas las plantas que provienen de semillas y explíquele que éstas son pequeños milagros que tienen un propósito.

Platíquele cómo una semilla puede desarrollarse hasta llegar a ser una planta muy grande cuando alguien la cuida. Las semillas sólo necesitan la cantidad adecuada de luz del sol, de agua y de cuidado amoroso. Dígale: "Cada persona es como una semilla que necesita la cantidad adecuada de cuidados para crecer".

Encuentre un lugar soleado en su jardín para que su hijo siembre semillas de girasol o cualquier otra planta que abunde en su localidad. Enséñele a regar las plantas cuando sea necesario y a arrancar la hierba que crezca a su alrededor.

Se asombrará de cuán grandes crecen. Elógielo por ser cuidadoso con las semillas y por respetar sus necesidades. Diga: "Tus amigos necesitan la misma cantidad de cuidado, amor y respeto".

Material:
Semillas de girasol (o semillas de otra planta de tallo largo, en su región)

Opcional: semillas de mostaza

Semana treinta y seis: Las semillas son milagros

Un minuto para mamá: *Una voz amable genera torrentes de sabiduría para un niño.*

Arrancando hierbas

Material:

Un viaje al vivero local o a una tienda de jardinería

Un azadón

Actividad: Vaya a una tienda de jardinería para que su hijo pueda ver todas las cosas relacionadas con la siembra y el cuidado de las plantas. Si no puede hacerlo, consiga un azadón para esta actividad.

Muestre a su hijo el azadón y dígale para qué se usa. Mencione que sirve para deshacerse de las malas hierbas a fin de que una planta pueda crecer mejor.

Explíquele que usted trata de ayudarlo a que aprenda cosas buenas todos los días de manera que crezca mejor. Diga: "Te amo y quiero ayudarte a crecer en todos los aspectos. Sé que a veces cometerás errores. Está bien, porque todos aprendemos de ellos. Los errores son como las malas hierbas. Nos muestran lo que es necesario hacer".

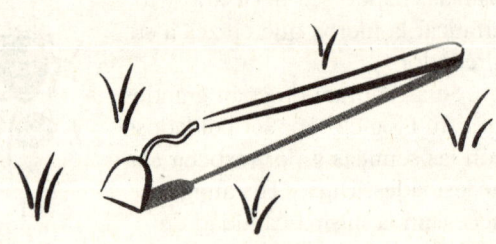

Semana treinta y seis: Las semillas son milagros

Un minuto para mamá: *Haz lo que puedas, con lo que tengas, en donde te encuentres.* Teodoro Roosevelt

El amor crece

Actividad: Dé a su hijo un ejemplo sencillo de cómo crece el amor inflando un globo.

Material: Un globo

Infle el globo un poco y apriete la boquilla para que no escape el aire. Dígale a su hijo que el amor es como un globo. Ínflelo un poco más y deténgase. Pregúntele qué le está pasado al globo. Él puede decir que está creciendo o que se está haciendo grande. Comente con el niño la importancia de que nuestro amor crezca cada día más. Continúe inflando el globo pero sin que reviente. Hágale un nudo y permita que su hijo juegue con él lanzándolo al aire.

A la hora de ir a la cama, háblele sobre las formas en que su amor puede crecer (como siendo amable con su hermano o hermana, o ayudando a un amigo).

Momentos para recordar...

Semana treinta y siete: Escuchar instrucciones

Un minuto para mamá: *Disfruta las cosas pequeñas, porque quizá algún día mires atrás y te des cuenta de que ésas eran las cosas grandes.* Robert Brault

Detente y escucha

Material:
Una caja vacía de zapatos de adulto y otra caja de tamaño similar

Actividad: Usando una caja vacía, pida a su hijo que baile la danza de la "caja de zapatos" siguiendo sus instrucciones. Por ejemplo, pídale que salte por encima de la caja, que ponga un pie dentro, que se pare junto a ella, etc. También permita que su hijo sea el maestro y que le dé instrucciones para el mismo baile.

Agradezca a su hijo por saber escuchar y por seguir sus instrucciones. Mencione que en la escuela su maestra se sentirá agradecida de ver cuánto se esfuerza él por escuchar.

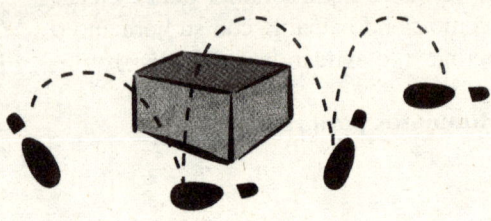

Semana treinta y siete: Escuchar instrucciones

Un minuto para mamá: *La mayoría de la gente es casi tan feliz como considera serlo.*
Abraham Lincoln

Palabras, palabras, palabras

Actividad: Deje que su hijo recorte juguetes u objetos interesantes de un catálogo o revista usados. Coloque los objetos recortados boca arriba sobre la cartulina para un juego de "instrucciones".

Antes de dar las instrucciones, explíquele qué es una esquina, qué significa "detrás" y qué es arriba, abajo o en medio de la cartulina. Ahora dele instrucciones para cada juguete (por ejemplo, "Pon el camión en medio de la cartulina". "Colócalo en una esquina". "Pon dos juguetes uno debajo del otro".)

En un tono amable, explique cualquier instrucción que su hijo *no* entienda. *¡No deje de sonreír!*

Agradezca a su hijo por saber escuchar.

Material:
Un pedazo de cartulina

Tijeras para niños

Un catálogo de juguetes o una revista

Semana treinta y siete: Escuchar instrucciones

Un minuto para mamá: *¿Quién corría a ayudarme cuando caía, y me contaba una linda historia o me besaba la herida para que sanara? Mi madre.* Ann Taylor

Preparé mi propio sandwich

Material:

Pan

Crema de cacahuate y mermelada

Cuchillo

Actividad: Haga que su hijo prepare un sandwich de crema de cacahuate con mermelada mientras usted le da instrucciones sobre cómo hacerlo.

Por ejemplo, puede indicarle: "Primero, toma una rebanada de pan. Luego, con el cuchillo, unta un poco de crema de cacahuate sobre el pan". (Continúe hasta que su hijo haya preparado su propio sandwich.) Su hijo estará orgulloso de su logro.

No lo olvide, ¡su hijo es capaz de limpiar el desorden! Divida el trabajo de limpieza en pasos pequeños. Primero, pídale que cierre los frascos; luego, que los ponga en su lugar.

Momentos para recordar...

Semana treinta y ocho: Aprender mi nombre completo

Un minuto para mamá: *¡El que ríe, perdura!* Mary Pettibone Poole

¡Mmh! Mmh!

Actividad: Escriba el nombre de su hijo en un pedazo de papel. Si lo desea, puede cubrir el papel con mica adhesiva transparente para protegerlo.

Pídale que ponga palitos de pan rectos sobre cada letra. Tal vez sea necesario partir algunos para las letras curvas. Su hijo puede comerse los palitos después de copiar cada letra.

¡A comer y disfrutar!

(Guarde el papel y úselo para las actividades de los próximos dos días).

Material:
Palitos de pan

Un pedazo de papel en blanco de ocho por veinticinco centímetros

Marcadores o crayolas de colores

Opcional: mica adhesiva transparente (puede conseguirla en papelerías grandes)

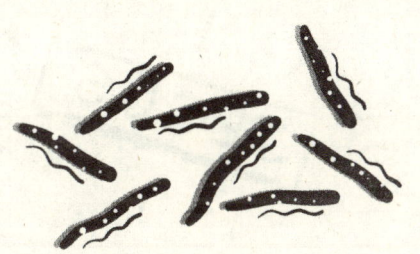

Semana treinta y ocho: Aprender mi nombre completo

Un minuto para mamá: *Si hacemos que nuestra meta sea vivir practicando la compasión y el amor incondicional, entonces el mundo en verdad se convertirá en un jardín donde pueden florecer y crecer todo tipo de flores.* Elisabeth Kubler-Ross

Comparar nombres

Material:
El nombre de su hijo escrito el día 1 de la semana 38.

Dos tiras de papel de ocho por veinticinco centímetros

Marcadores o crayolas de colores

Actividad: Pida a su hijo que mire su nombre en el papel y cuente las letras.

Ahora anote su nombre en una tira de papel (con letras del mismo tamaño que las del el nombre de su hijo) y colóquela encima del nombre de él.

Permita que su hijo vea ambos nombres. Luego pregúntele si encuentra algo interesante en los nombres. ¿Se parecen algunas letras? ¿Cuál nombre es más largo? ¿Más corto? ¿Son iguales?

Semana treinta y ocho: Aprender mi nombre completo

Un minuto para mamá: *El amor es la cadena con la cual un niño se une a sus padres.* Abraham Lincoln

Me encanta mi nombre

Actividad: Mientras su hijo observa el papel con su nombre, hágale algunas preguntas. ¿Dónde empieza su nombre? ¿Dónde termina? (Saber dónde empieza una palabra es un detalle muy importante para aprender a leer.) ¿Sabe su hijo los nombres de las letras?

Entregue a su hijo un tazón con cereal. Deje que cubra cada letra con cereal. Asegúrese de que empiece por el principio de su nombre, de izquierda a derecha.

Momentos para recordar...

Material:
El nombre de su hijo escrito el día 1 de la semana 38

Una taza de cereal

Semana treinta y nueve: Matemáticas con desperdicios

Un minuto para mamá: *Compasión, amabilidad y respeto son los cimientos del carácter. Yo quiero forjar el carácter de mi hijo, así que debo recordar que amar algunas veces significa ser firme, congruente y respetuosa cuando mi hijo haga un berrinche.*

¿Calcular? ¡Yo adivino!

Material:
Doce latas de aluminio vacías (sin orillas cortantes) o doce cartones de jugo congelado

Un pedazo de papel

Marcadores o crayolas de colores

Actividad: Practique el cálculo (adivinar). Haga que su hijo adivine cuántas latas de aluminio vacías podrá apilar.

Cuente cada lata junto con su hijo conforme las agrega a la pila. En un papel escriba los números del uno al doce en una línea. *Encierre en un círculo* el número total de latas apiladas cada vez que su hijo lo intente.

Al terminar, su hijo podrá ver, en la línea de números que usted escribió, cuál número fue el mayor.

Semana treinta y nueve: Matemáticas con desperdicios

Un minuto para mamá: *Nadie puede vivir en reversa. Mira hacia adelante, ahí está tu futuro.* Ann Landers

Lánzalo aquí

Actividad: Juegue al "Lanzamiento de yogurt". Proporcione a su hijo un recipiente de yogurt vacío y limpio, y un objeto pequeño, como una pelota o una nuez. Dígale que lance el objeto y que trate de atraparlo con el recipiente. (Asegúrese de que él tenga cuidado de que el objeto no le golpee la cara.)

Cada vez que su hijo atrape el objeto, haga una rayita en el pedazo de papel. Agrúpelas de cinco en cinco. Con la quinta rayita cruce en diagonal las cuatro anteriores. Explíquele que ésa es una manera de contar de cinco en cinco.

Material:

Un recipiente de yogurt vacío y limpio

Una pelota de ping pong o una pelota suave y pequeña

Papel para reciclar y lápiz

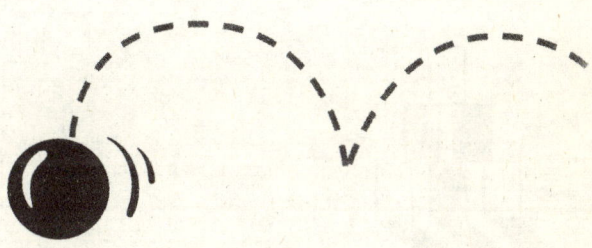

día 3

Semana treinta y nueve: Matemáticas con desperdicios

Un minuto para mamá: *Me gusta estar con gente divertida. Creo que a mi hijo también, ¡y eso me incluye!*

Soy un constructor

Material:
Latas vacías y limpias, sin orillas cortantes

Opcional: cinta adhesiva o papel de contacto de colores

Actividad: Las latas vacías y limpias de diferentes tamaños y sin orillas cortantes son excelentes juguetes para apilar y construir. Incluso puede darles color con cinta adhesiva o papel de contacto de colores.

Juegue a "Lo que hace la mano hace la tras". Construya una pirámide sencilla y deje que su hijo la copie. A continuación, rételo a hacer una más difícil. Construyan una torre gigante juntos.

Cuando terminen, busque una pelota y ¡jueguen boliche!

Momentos para recordar...

Semana cuarenta: Más diversión con desperdicios

Un minuto para mamá: *Los huevos no enseñan a la gallina.* Proverbio ruso

Puedo jugar basquetbol

Actividad: Hagan juntos una canasta de basquetbol. Ayude a su hijo a hacer cinco bolitas con hojas de periódico. Puede usar la cinta para mantener la forma de las bolitas.

Consiga un bote de basura o una caja vacía. Ponga un pedazo de cinta en el piso para señalar el lugar en el que su hijo debe pararse para jugar. Coloque el bote de basura como a metro y medio de la línea. Pida a su hijo que se pare en la línea y que trate de lanzar las bolas de papel dentro del bote.

¡Usted juegue también!

Material:
Bote de basura vacío o caja vacía

Periódico

Cinta adhesiva de papel

Semana cuarenta: Más diversión con desperdicios

Un minuto para mamá: *Un corazón amoroso es la sabiduría más verdadera.*
Charles Dicken

El juego de memoria

Material:
Dos hojas de un viejo calendario (dos meses)

Tijeras para adulto y tijeras para niños

Bolsa de plástico con cierre

Actividad: Con los números de las hojas de calendario, pida a su hijo que corte los cuadros de los días uno al diez. Usted corte un juego de números iguales.

Al azar, coloque los números boca abajo sobre una mesa en hileras de cuatro o cinco. Juegue "memoria" con su hijo. Cada uno de ustedes voltea dos números a la vez para obtener un par.

Si esta actividad es demasiado difícil para su hijo, use números del uno al cinco durante un tiempo.

Al terminar, proporcione a su hijo una bolsa de plástico con cierre para que guarde los números y jueguen otro día.

Semana cuarenta: Más diversión con desperdicios

Un minuto para mamá: *Hoy mi hijo me dijo con voz sincera, "Mami, ¿puedes oír bien? Te he estado llamando y llamando para que veas el bloque que armé". Creo que he estado muy ocupada con mi lista de cosas por hacer.*

¡Una escultura espectacular!

Actividad: Cuando limpie la alacena y encuentre bombones viejos o pasitas, no los deseche. Úselos para que su hijo haga una escultura.

Invite a su hijo a hacer una escultura pinchando un bombón o pasita con un palillo. Dígale que agregue otro bombón o pasita en el otro extremo del palillo y ¡así sucesivamente! Si la estructura de su hijo se deshace, anímelo a que lo intente de nuevo. Sólo diga: "Está bien. Eso sucede a veces".

Material:
Bombones viejos o pasitas (esta actividad es más fácil si se deshidratan un poco)

Una caja de palillos

Momentos para recordar...

Semana cuarenta y uno: Amistad es compartir

Un minuto para mamá: *Aquello de lo que no puedes deshacerte, no lo posees. Eso te posee a ti.* Ivern Ball

"Partes iguales"

Material:
La masa para modelar del día 1, de la semana 11

Actividad: Diga a su hijo que va a jugar a la escuelita con él. Dele *toda* la masa. Finja que es usted una nueva amiga y pídale a su hijo un poco de masa. Observe si le da a "partes iguales". Dele las gracias si lo hace y exprese sus sentimientos.

Ahora *usted* tome toda la masa y pregúntele, "¿Y si te doy sólo un *pedacito* de masa y me quedo con lo demás? (Ponga un poco de masa en la mano de su hijo.) ¿Cómo te sentirías? ¿Es justo? En lugar de quedarte con más, ¿qué podrías decirme?" Mencione que quizá en la escuela juegue con masa y que es importante compartir. Háblele sobre otras formas de compartir en la escuela y en casa.

Agradezca a su hijo por sus buenas ideas.

Semana cuarenta y uno: Amistad es compartir

Un minuto para mamá: *Si controlamos nuestra lengua, nuestra boca será fuente de vida y valdrá la pena ser escuchados.*
Carole Mayhall

día 2

Compartir mis ojos y mis oídos

Actividad: Diga a su hijo, "Vamos a jugar a fingir". Finja que *no* escucha *ni* mira a su hijo cuando le esté hablando. Pregúntele cómo se sintió cuando usted no fue amigable. (Su hijo puede contestar "triste" o "ignorado".) Pregúntele cómo se sentiría la maestra del *kinder* si los niños no la escucharan o miraran cuando ella habla.

Mirar y escuchar a las personas cuando hablan significa respeto. De alguna manera, una persona "comparte" su ser cuando presta atención a alguien más.

Diga a su hijo que lo siente si olvidó escucharlo y mirarlo cuando le hablaba. Planeen trabajar en ser buenos escuchas.

Material: Tiempo para hablar sobre respeto y lo triste de sentirse ignorado

Semana cuarenta y uno: Amistad es compartir

Un minuto para mamá: *A veces a mi hijo le es difícil compartir. Necesito las palabras correctas para guiarlo de ser "yo-yo" a pensar en los demás.*

Plática amistosa

Material:
Ninguno

Actividad: Busque oportunidades en las que su hijo pueda jugar con otros niños (en el parque de juegos, con sus vecinos). Obsérvelo, y cuando sea amable, amistoso y compartido, agradézcaselo.

Durante un momento de calma, platique con él respecto al momento en que su hijo fue amistoso con otros niños. Dígale que para tener amigos una persona debe ser amistosa. Pregúntele qué significa ser amistoso. Dígale que el número de amigos que tenga depende de cómo trate a los demás. Menciónele que a los niños les gusta estar con alguien amable.

Momentos para recordar...

Semana cuarenta y dos: Preparación para la lectura

Un minuto para mamá: *Estoy leyendo de nuevo un libro donde el autor dice que descubrió que tener fe no radica tanto en tratar de tener fe, sino en volver la vista hacia quien tiene fe.* Carole Mayhall

¿Qué es un espacio, mamá?

Actividad: Haga que su hijo se pare con los pies juntos. Pregúntele si hay espacio entre sus pies. (No.) Ahora pídale que separe sus pies para crear un espacio.

Menciónele que cuando aprenda a leer habrá un espacio entre cada palabra en todas las páginas del libro.

Muéstrele cómo se vería su nombre si lo escribiera tres veces sin espacios intermedios. Ahora escriba su nombre tres veces con espacios entre cada palabra.

Sorprenda a su hijo y dígale: "Ahora no quiero ningún espacio entre nosotros". Haga una pausa para que su hijo pueda pensar en lo que dijo y después ¡abrácelo!

Material:
Un pedazo de papel en blanco

Un lápiz y una crayola

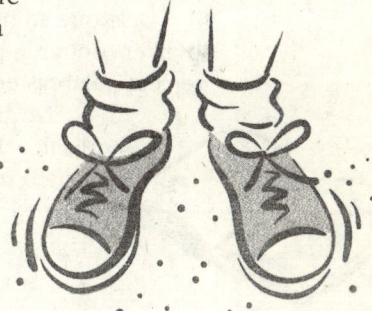

día 2

Semana cuarenta y dos: Preparación para la lectura

Un minuto para mamá: *¡Paciencia, paciencia, paciencia... tiempo, tiempo, tiempo! Necesito más de ambos, de manera que hoy intentaré hablar con voz más suave, relacionarme con los sentimientos de mi hijo y escribir "jugar con mi hijo" en mi lista de pendientes.*

¿Por dónde empiezo?

Material:
Uno de los libros favoritos de su hijo

Actividad: Lea a su hijo uno de sus libros favoritos.

Al terminar, pregúntele cuál es el principio del libro. Vea si puede encontrar la primera palabra en la primera página.

¿Su hijo puede tocar la primera palabra de la segunda página? ¡Bríndele una *gran* sonrisa si puede hacerlo! Si acaso no lo logra, de igual forma sonríale e indíquele dónde encontrar la primera palabra de dos páginas más.

Deje que su hijo sea el maestro y que le pida encontrar la primera, la segunda y la tercera palabras en una página.

Levante a su hijo en brazos y dígale, "Eres asombroso y te quiero mucho".

Semana cuarenta y dos: Preparación para la lectura

día 3

Un minuto para mamá: *Si no puedes quitar la carga de la espalda de alguien más, no te alejes. Trata de aligerarla.* Tyger

¿Por qué los libros tienen puntos?

Actividad: Lea uno de los libros favoritos de su hijo. Al terminar, pregúntele si ve algo en la página que sea interesante. Anímelo en todas sus respuestas.

Luego señale los puntos al final de cada oración. Explíquele que eso significa "el final de un pensamiento" y que funciona como una señal de alto.

Diga a su hijo: "Te quiero mucho". Coméntele que si escribiera las palabras en un pedazo de papel, usted pondría un punto al final. Ahora escriba "Te quiero mucho." y ¡demuéstreselo a su hijo! Hojeen una revista y señale con un marcador de color todos los puntos que su hijo encuentre.

Material:
Uno de los libros favoritos de su hijo

Un pedazo de papel de ocho por trece centímetros

Momentos para recordar...

Semana cuarenta y tres: Comer y sumar

Un minuto para mamá: *Valoro esta deliciosa sensación de hogar como uno de los presentes más selectos que un padre puede otorgar.* Washington Irving

Comer en la alacena

Material:
Un pedazo de papel en blanco de veintidós por veintiocho centímetros

Lápiz

Un puño de alimentos secos (pasitas, cereal, galletas saladas chicas)

Opcional: mica adhesiva transparente

Actividad: Haga un juego llamado "comer en la alacena". En un pedazo de papel en blanco trace dos líneas horizontales para dividir el papel en tres partes iguales. Dígale a su hijo que imagine que estos espacios son los entrepaños de una alacena. (Cubra el papel con mica adhesiva transparente y juegue con frecuencia.)

Proporcione a su hijo un puño de alimento seco. Dígale que ponga un pasita en la parte superior de la alacena y una en medio. Pídale que ahora mueva las pasitas a la *parte inferior* de la alacena para que pueda alcanzarlas. Pregúntele cuántas hay. Repase el ejemplo diciendo una más una es igual a dos. *¡Cómanselas!*

Jueguen durante unos cinco minutos y no coloque más de tres piezas de alimento en un entrepaño.

Semana cuarenta y tres: Comer y sumar

Un minuto para mamá: *Hoy trataré de dar a mi hijo un regalo gratuito, el regalo de ser escuchado. He estado demasiado ocupada haciendo cosas para mi hijo en lugar de estar con él.*

¡Sumando con números!

Actividad: Escriba las siguientes operaciones en tarjetas de ocho por trece centímetros:

1 + 1 =
1 + 2 =
1 + 0 =
2 + 2 =

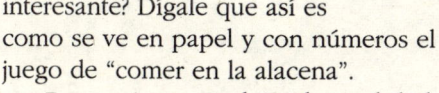

Muéstrele la tarjeta "1 +1 =" a su hijo. Pregúntele qué ve. ¿Ve algo interesante? Dígale que así es como se ve en papel y con números el juego de "comer en la alacena".

Proporcione a su hijo el papel de la "alacena" y *lentamente* ayúdelo a usar los alimentos para resolver la operación.

Inténtelo con las demás tarjetas, pero procure que el juego sea breve y ameno.

Material:

Cuatro tarjetas bibliográficas de ocho por trece centímetros

Marcador de color oscuro

Un puño de alimentos secos (cereal, pasas, galletas saladas chicas)

El papel de la "alacena" usado el día 1 de la semana 43

Semana cuarenta y tres: Comer y sumar

Un minuto para mamá: *El amor no tiene nada que ver con lo que esperas obtener, sólo con lo que esperas dar.* Katharine Hepburn

Mi turno de ser el maestro

Material:
Tarjetas de operaciones del día 2 de la semana 43

El papel de la "alacena" usado el día 1 de la semana 43

Un puño de alimentos secos (cereal, pasas, galletas saladas chicas)

Actividad: ¡Ahora usted sea el alumno y deje que su hijo sea el maestro!

Entréguele las tarjetas de operaciones que hicieron. Tome un puño de alimento seco y el papel de la "alacena" y diga a su hijo: "Estoy listo maestro".

Finja que no sabe cómo resolver una operación o dos para que su hijo tenga que ser el maestro y la ayude. *¡Diviértanse!*

Momentos para recordar...

Semana cuarenta y cuatro: A divertirse con las restas

día 1

Un minuto para mamá: *Hay días en los que me siento demasiado cansada como para disfrutar ser mami. También es importante que yo sepa cuando mamá necesita descansar.*

El juego de restar cositas sabrosas

Actividad: Ponga una taza con alimentos secos cerca de su hijo. Dele un papel en blanco. Dígale que van a jugar juntos el juego de "quitar". Mencione también que se llama el juego de "restar". Pídale a su hijo que cuente cinco piezas de alimento y que las ponga en línea sobre el papel.

Cuéntele esta historia: "Había una vez cinco golosinas. Luego vino un niño precioso y ¡se comió una!" (Diga a su hijo que coma una.) Repase lo que sucedió. Diga: "Tenías cinco y te comiste una. ¿Cuántas te quedan? (Cuatro.) Haga una pausa y diga: "Cinco menos uno es igual a cuatro".

Continúen jugando. En cada ocasión, pida a su hijo que quite una y pregúntele cuántas quedan hasta que las cinco golosinas se acaben.

Material:
Un pedazo de papel en blanco de veintidós por veintiocho centímetros

Un puño de alimentos secos (cereal, pasas, galletas saladas chicas)

Semana cuarenta y cuatro: A divertirse con las restas

Un minuto para mamá: *Después de "amar" el verbo "ayudar" es el más hermoso del mundo.* Bertha von Suttner

¿A dónde se fueron?

Material:
Un pedazo de papel de trece por veinte centímetros con un signo de resta (-) en medio

Cinco juguetes pequeños (los preferidos de su hijo)

Actividad: Haga que su hijo traiga cinco juguetes pequeños y que los ponga en línea en el suelo.

Sostenga en alto el signo resta (-) y diga a su hijo que van a jugar a restar y que la línea en la tarjeta significa "quitar".

Pregunte a su hijo si recuerda qué quiere decir restar o quitar. (Repase esto con su hijo si es necesario antes de jugar hoy.)

Sostenga en alto el signo de resta (-) para que su hijo lo vea. Pídale que dibuje la misma línea en el aire. Ahora, que él cuente los juguetes y luego que quite uno colocándolo detrás de él. Pregúntele, "¿Cuántos quedan?" Repase diciendo, "Cinco menos uno es igual a cuatro".

Continúen jugando hasta que haya quitado los cinco juguetes.

Semana cuarenta y cuatro: A divertirse con las restas

día 3

Un minuto para mamá: *Quienes impulsan el mundo para que siga arriba y adelante son quienes más alientan en lugar de criticar.* Elizabeth Harrison

Me encanta jugar

Actividad: Ponga un tazón con bocadillos junto a su hijo. Dígale que elija cinco piezas y que las acomode en línea sobre el papel.

Piense si su hijo necesita o no practicar las sumas y restas con la comida. Cuéntele historias cortas como: "Un niño maravilloso tenía hambre y se comió un bocadillo". (Su hijo debe comer uno.) "¿Cuántos quedan?"

Continúen jugando. Sólo recuerde que el juego debe ser breve y divertido.

Momentos para recordar...

Material:
Un pedazo de papel en blanco de veintidós por veintiocho centímetros o más chico

Bocadillos (cereal, uvas, cubitos de queso)

Semana cuarenta y cinco: Diversión en familia

Un minuto para mamá: *Hay tanto que aprender cuando se es niño. Cuando mi hija derrama su leche, quizá yo deba preguntarle, "¿Qué aprendiste de tu error? Apuesto que se te puede ocurrir una manera diferente de tomar tu leche para que no suceda de nuevo".*

Una cena a la luz de las velas

Material:
La cena

Velas y cerillos

Actividad: Permita que su hijo la ayude a preparar una cena sorpresa a la luz de las velas para la familia. No importa si sirven salchichas, la luz de las velas lo hace más ameno y acogedor. Quizá deseen invitar a los abuelos o alguien especial.

Hagan una lista de lo que necesitan y vayan de compras juntos. Permita que su hijo le ayude en otras formas, como poner la mesa o limpiar la cocina.

Esta actividad también la ayudará a enseñarlo a ser atento con los demás. Durante la cena, pida a los miembros de la familia que digan lo que admiran de los demás.

¡Valoren ser una familia!

Semana cuarenta y cinco: Diversión en familia

Un minuto para mamá: *La última de las libertades humanas consiste en elegir su propia actitud entre una determinada serie de circunstancias a fin de elegir su propio camino.* Viktor Frankl

¡Qué caliente!

Actividad: Las charolas para conservar alimentos calientes son muy atractivas para los niños pero usarlas requiere de supervisión.

Cubra una charola con papel aluminio. Sobre esto coloque un pedazo de papel. Permita que su hijo toque una de las esquinas de la charola, que no esté tan caliente.

Cada miembro de la familia debe hacer el experimento de colocar un pedazo de papel en la charola y luego, presionando una crayola contra el papel, hacer un dibujo, letras o números. ¡La crayola se derretirá al entrar en contacto con el papel! Retire cada creación y déjala enfriar.

Material:
Charola para conservar alimentos calientes

Papel aluminio

Crayolas sin la cubierta de papel

Papel cartoncillo

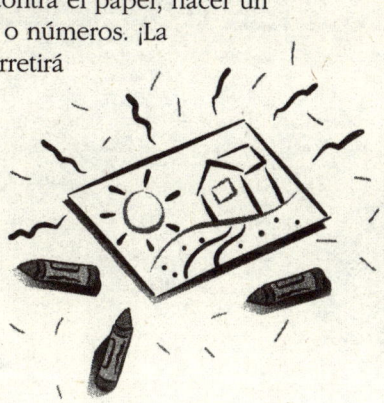

Semana cuarenta y cinco: Diversión en familia

Un minuto para mamá: *El amor es un gran bien que aligera todo lo pesado. No lo agobia la carga que lleva y endulza lo amargo.* Thomas a'Kempis

"Gises artísticos"

Material:
Gises

Actividad: En un día hermoso, salga a la calle con la familia y ¡dibujen en la banqueta!

Con los gises, dibujen el cuerpo de cada uno en el piso de la cochera o en la banqueta donde no esté muy caliente. Pueden dibujar detalles como cabello, ropa, ojos, etc.

¡Diviértanse!

Momentos para recordar...

Semana cuarenta y seis: Tiempo para estar juntos

día 1

Un minuto para mamá: *Hay algo mágico en el hecho de estar con mi hijo y no pensar en mis deudas o en el quehacer.*

Estrellita, estrellita

Actividad: En la noche, tome una cobija vieja y busquen una zona en el jardín o el patio para ver las estrellas. Recuéstese con su hijo en silencio durante un rato, gozando de la presencia del otro.

Pregunte a su hijo si ve algo interesante en las estrellas. Háblele sobre lo maravillosas que son y que existen constelaciones en el cielo. Explíquele que una constelación es un grupo de estrellas que forman una figura (por ejemplo, la Osa Mayor y la Menor). Vea si pueden encontrar las Osas.

Platique con él acerca de la forma de la luna. Escuchen los sonidos de la noche. Termine ese tiempo especial rodeándolo con sus brazos y diga: "Tú también eres una estrella brillante". ¡Séllelo con un beso!

Material:
Una cobija vieja

Una noche clara

Semana cuarenta y seis: Tiempo para estar juntos

Un minuto para mamá: *Hoy mi pequeñito me tomó la mano cuando caminábamos por nuestra calle. Era pequeña, suave y sentí muy bonito. Quiero disfrutar estos momentos al máximo porque algún día, cuando crezca, probablemente ya no lo hagamos más.* Ann Taylor

¡Las aves me necesitan!

Material:
Una rebanada de pan

Un trozo de cuerda de unos veinte centímetros de largo

Un cortador de galletas con forma de estrella

Actividad: Permita que su hijo corte una estrella en una rebanada de pan usando el cortador de galletas.

Háblele de cómo todos brillamos como estrellas cuando somos generosos con los otros. Con un lápiz chico, permita que su hijo haga un agujero en el pan, cerca de una punta de la estrella. Ate un trozo de cuerda al pan y ayude a su hijo a colgar la estrella en la rama de un árbol para que las aves lo coman.

Las aves son parte de este fabuloso mundo y también merecen muestra generosidad.

Semana cuarenta y seis: Tiempo para estar juntos

día 3

Un minuto para mamá: *Me siento mucho mejor cuando tengo tiempo para relajarme... leer un libro, salir a caminar, encontrar un lugar tranquilo para estar a solas conmigo misma. Algunas veces se me olvida que cuidar de mí es tan importante como cuidar de mi hijo.*

Un día soleado

Actividad: En un día soleado salgan y hagan sombras con su cuerpo. Pida a su hijo que proyecte su sombra mientras usted la delinea con gis. Diga a su hijo que escriba su nombre junto a su sombra. Jueguen con sus sombras. Intenten jugar "quemados" saltando de una sombra a la otra. Hablen sobre cómo se forman las sombras.

Material:
Un día soleado

Gises (opcional)

Momentos para recordar...

Semana cuarenta y siete: En equipo

Un minuto para mamá: *Algunos días siento que yo hago todo en la casa. Necesito delegar más responsabilidades a cada miembro de mi familia de modo que yo no me tense tanto. No obstante, eso significa que quizá las cosas no se hagan exactamente como me gustaría.*

Pintura chispeante

Material:
1/2 taza de almidón líquido

2 tazas de sal

Colorante vegetal

Cartulina

Actividad: Permita que su hijo demuestre su creatividad con la pintura de sal. Mezcle el almidón, la sal y el colorante vegetal. Muestre a su hijo cómo escribir su nombre. Luego deje que pinte su nombre con pintura de sal.

Deje que haga otras figuras. Muéstrele cómo resplandecen bajo los rayos del sol después de secarse.

Semana cuarenta y siete: En equipo

Un minuto para mamá: *Es un hecho sorprendente que Jesús nunca emitió un juicio contra una persona arrepentida. Antes bien, sabiendo lo que había en esa persona que pudiera provocar una mala decisión o la formación de un valor perverso o un pánico impulsado por el temor, simplemente decía: "Aquí está mi mano, empecemos de nuevo".*
Gail MacDonald

Enmarca mi nombre

Actividad: Su hijo disfrutará usar las acuarelas. Haga la prueba con algo diferente. Diga a su hijo que primero moje toda la cartulina con un pincel y agua. Una vez mojada, ayúdelo a escurrir gotas de pintura sobre ella. Llenen de colores toda la cartulina.

Deje que seque y proporcione a su hijo un marcador de color oscuro para que escriba su nombre sobre la cartulina coloreada. Cuélguela o muéstrela.

Material:
Acuarelas

Pincel

Cartulina blanca

Marcador de color oscuro

Semana cuarenta y siete: En equipo

Un minuto para mamá: *A veces es difícil percatarse de que los niños tienen sentimientos igual que los adultos. Diario debo recordar que el mundo de juegos de mi hijo ¡no es menos importante que mi mundo!*

¡Soy organizado!

Material: Ninguno

Actividad: ¡Organización, organización, organización!

Cada noche antes de que su hijo vaya a la cama, pídale que la ayude a preparar su ropa del día siguiente para la escuela. *Todo* debe estar listo, incluyendo calcetines, zapatos y mochila, si lleva. Deberá llenar los permisos y otras formas la noche anterior a su fecha de entrega. Si le ganan las prisas por la mañana, sólo aumentará *su estrés* y *el de su hijo*.

Momentos para recordar…

Semana cuarenta y ocho: Se acerca la entrada a la escuela.

Un minuto para mamá: *Los niños tienen una mente excelente. Debo valorar qué piensa mi hijo y creer que puede resolver sus problemas. Cuando yo crea en él, él creerá en sí mismo.*

día 1

Tengo metas igual que mamá

Actividad: Siente a su hijo en su regazo. Pregúntele qué le gustaría aprender en la escuela. Quizá diga que quiere aprender a leer o averiguar más sobre algo que le interese como los caballos y perros, o hacer nuevos amigos.

Explíquele que estos pensamientos son metas. Las metas están en función de lo que es importante aprender o hacer.

Platíquele una meta suya. ¿Acaso ser la mejor madre? ¿Ser amable con los demás? ¿Tomar clases para aprender algo nuevo?

Escriba las metas de su hijo en papel, anote la fecha y péguelas en el refrigerador. Luego de un mes, hablen de nuevo sobre metas y agregue otras a la lista.

Material: Ninguno

Semana cuarenta y ocho: Se acerca la entrada a la escuela

Un minuto para mamá: *Decidir qué es lo importante en "este" día es algo en lo que debo pensar al despertar. Si me espero hasta la noche, habré perdido mi oportunidad.*

Las reglas son para ayudarnos

Material:
Ninguno

Actividad: Pregunte a su hijo si tiene reglas que debe obedecer. Hable sobre estas reglas. Pregúntele cuál es el propósito de las reglas. Luego pregúntele si cree que la maestra y sus nuevos amigos de la escuela tendrán reglas. ¿Su hijo puede adivinar cuáles podrían ser algunas de ellas?

Concluya la actividad dando a su hijo ejemplos de las reglas que nos ayudan a estar seguros y ser amables.

Semana cuarenta y ocho: Se acerca la entrada a la escuela

Un minuto para mamá: *Sólo se vive una vez, por tanto, permíteme realizar ahora cualquier bien que pueda hacer o cualquier gesto amable que pueda mostrar a un ser humano. Que no lo postergue ni me olvide de ello, ya que no recorreré este camino de nuevo.* Anónimo

El juego de "qué pasaría si"

Actividad: Jueguen a "qué pasaría si". Haga a su hijo algunas preguntas acerca de situaciones "inesperadas" en la escuela y pregúntele cómo las resolvería.

1. ¿Qué harías si no pudieras encontrar a ninguno de tus amigos durante el recreo en el área de juegos y tu grupo ya se hubiera ido?
2. ¿Y si te sintieras enfermo en clase?
3. ¿Y si no entendieras algo?
4. ¿Y si un amigo no quisiera jugar contigo?

Material: Ninguno

Momentos para recordar...

Semana cuarenta y nueve: Dos semanas y contando

Un minuto para mamá: *Si entrara a un nuevo trabajo, me sentiría un poco preocupada pensando si sería capaz de realizar el trabajo o de hacer nuevas amistades. Mi hijo pronto entrará a un nuevo "trabajo". Debo disipar sus temores y convertir el miedo en confianza.*

Mi escuela

Material:

Tiempo

Acta de nacimiento del niño

Cartilla de vacunación

Actividad: Junto con su hijo, visite la escuela a la que va a asistir. Deténgase en la oficina de asuntos escolares para asegurarse de haber cubierto todos los requisitos. Probablemente necesitará presentar el acta de nacimiento del niño junto con su cartilla de vacunación.

Pase por la enfermería y diga a su hijo que quizá alguna vez necesite ir ahí si se siente enfermo.

Si el director o la directora no está ocupado(a) preséntese y presente a su hijo.

Ubique el salón de su hijo, los baños y el área de juegos.

¡Pasen un rato jugando ahí!

Semana cuarenta y nueve: Dos semanas y contando

Un minuto para mamá: *Haz sólo lo que deba hacerse. Quizá no te dé la felicidad, pero sí grandeza.* George Bernard Shaw

Ropa para la escuela

Actividad: Busque ofertas para comprarle ropa a su hijo. Recuerde que jugará en exteriores, pintará, jugará con masa y a veces se sentará a armar objetos en el piso, así que necesita usar ropa cómoda más que "bonita".

Material: Tiempo para ir de compras cuando hay ofertas

Es muy probable que su hijo necesite un par de zapatos tenis resistentes y cómodos, y una mochila para organizar las cosas que lleve y traiga de la escuela.

día 3

Semana cuarenta y nueve: Dos semanas y contando

Un minuto para mamá: *La vida puede ser toda una aventura o no ser nada.*
Helen Keller

¡Sé hacia adónde voy!

Material: Ninguno

Actividad: Visite la escuela de su hijo de nuevo y vaya a la biblioteca. Conozca a la bibliotecaria, si está. Después de disfrutar algunos libros juntos, vea si su hijo puede encontrar su salón. Fíjese si tiene un número en la puerta. Hable con él sobre la forma de la puerta.

¿Su hijo puede encontrar los baños? Si la escuela cuenta con cafetería, muéstresela y menciónele que si hay un programa especial tal vez pueda ir ahí a verlo. También coméntele que los niños comen su almuerzo en la cafetería. Ayudar a su hijo a sentirse cómodo en su nuevo entorno escolar es importante y disminuye en gran medida el temor del primer día.

Momentos para recordar...

Semana cincuenta: Una semana más, ¡genial!

día 1

Un minuto para mamá: *Es difícil creer que en unos cuantos días estaré dejando a mi hijo en su primer día de escuela. Es probable que tenga que reprimir algunas lágrimas pues será el día que yo me desprenda de él.*

En equipo

Actividad: Juntos, planeen visitar el salón de su hijo para conocer a la maestra. Que la reunión sea breve. Deje saber a la maestra que usted está dispuesta a ayudar y pregúntele si hay algún material que necesite buscar o preparar. ¡Hacer las cosas en equipo ayudará a su hijo a ser un ganador!

Material: Ninguno

Si su hijo va a ir al *kinder* en el transporte escolar, pregunte en la dirección dónde lo *recogerá* y dónde lo *dejará*. Luego ¡llévelo a ese lugar para que se familiarice con la zona.

**día 2**

Semana cincuenta: Una semana más, ¡genial!

Un minuto para mamá: *Es una responsabilidad muy abrumadora saber que mi hijo me imita de muchas maneras. En momentos de frustración, no quiero usar la palabra tonto. Si lo hago, ¡es muy probable que él también la use!*

Puedo escribir mi nombre

Material:
Ropa vieja

Crema de afeitar

Una hoja de papel

Marcador de color oscuro

Actividad: Ponga a su hijo ropa vieja y saque la crema de afeitar. Escriba el nombre de su hijo en un papel. Pídale que señale el principio de su nombre y dígale los nombres de las letras que ya conoce. ¿Conoce el sonido inicial de su nombre? Felicítelo.

Tomando el dedo índice de su hijo, ayúdele a trazar las letras de su nombre. Ahora deje que su hijo se divierta escribiendo su nombre con crema de afeitar copiándolo del papel. ¿Cuántas letras puede escribir *sin* ver su nombre escrito? Ahora deje que su hijo cree otras cosas interesantes con la crema de afeitar.

Semana cincuenta: Una semana más, ¡genial!

Un minuto para mamá: *Ya casi es momento de enviar a mi hijo al kinder. Tengo tantos sentimientos encontrados... felicidad de que esté listo y emocionado por aprender, pero una parte de mí no desea que esta etapa de su infancia termine. Debo recordar que él me necesitará durante un largo tiempo. Ésta es sólo una las muchas "primeras veces" que habrá en su vida.*

¡Es fácil!

Actividad: Vea cuántos números puede formar su hijo del uno al diez con la masa para modelar. ¡Felicítelo por los que sepa! Muéstrele cuán fácil es hacer el número diez con masa.

Elógielo por trabajar bien y por saber escuchar. Dígale que se nota que está listo para irse a la escuela.

Momentos para recordar...

Material:
Masa para modelar del día 1 de la semana 11

Por anticipado: compre "estrellas fosforescentes" en tiendas de regalos o en librerías (las necesitará para el día 2 de la semana 51).

Semana cincuenta y uno: La noche anterior al primer día

Un minuto para mamá: *Mi hijo es muy valioso para mí. Es maravilloso ser madre. Ahora que se acerca su primer día, necesito recordarle que debe tener una gran actitud de "Yo puedo".*

Alistarse

Material:
La historia del trenecito que le contó anteriormente

Actividad: Al anochecer, ayude a su hijo a preparar su mochila y su ropa para ir a la escuela la mañana siguiente. ¡No olvide incluir los calcetines y los zapatos!

Siente a su hijo en su regazo. Dele un abrazo muy fuerte y mírelo con ternura al tiempo que le dice cosas maravillosas como, "Eres tan dulce" o "¡Qué bien sabes escuchar. Tu maestra va a disfrutar esa cualidad tuya".

Cuéntele la historia. Hable sobre la voluntad del trenecito para ayudar a otros. Luego anime a su hijo a "intentarlo" tanto como el trenecito. Pida a su hijo que diga, "*¡Estoy seguro de que puedo!*" Pregunte a su hijo si hay algo de la escuela sobre lo que desee hablar.

Semana cincuenta y uno: La noche anterior al primer día

día 2

Un minuto para mamá: *Sobrevivimos de lo que obtenemos, pero vivimos de lo que damos.* Henry Bucher

¡Soy una estrella!

Actividad: En secreto, pegue las "estrellas fosforescentes" al techo de la habitación de su hijo.

A la hora de dormir, pregúntele si recuerda las dos palabras importantes de las que hablaron antes ("soy valiente"). Pida a su hijo que las repita. Agradézcale su voluntad de aprender a ser amable y que tenga esa gran mente.

Diga a su hijo que tiene una sorpresa para él por ser una "estrella brillante". Apague la luz y pida a su hijo que mire al techo. Dígale que él siempre será una estrella brillante.

Susúrrele un "Te quiero mucho" y dígale: "Te veré por la mañana, alumno de *kinder*. ¡Estás listo!"

Material: "Estrellas fosforecentes" que puede conseguir en una tienda de regalos

Semana cincuenta y uno: La noche anterior al primer día

Un minuto para mamá: *Siempre hay un momento en la vida en que una puerta se abre y deja entrar al futuro.* Graham Green

Es hora

Material:
Ninguno

Actividad: De ser posible, planee encontrarse con una amiga mañana para tomar un café y platicar mientras su hijo está en la escuela. O por lo menos llame a alguien y comparta sus sentimientos.

Esta noche, deslícese a la habitación de su hijo mientras duerme. Disfrute de la callada quietud de la noche. Recuerde este instante con alegría porque usted ha hecho lo mejor para prepararlo. ¡Falta mucho camino por recorrer, mamá! Ahora es su turno de un merecido descanso y duerma con estas palabras en su corazón, "He hecho lo mejor. Ahora debo encontrar el valor para desprenderme de la mano de mi hijo".

Momentos para recordar...

Semana cincuenta y dos: Mi primer día de escuela

Un minuto para mamá: *Es tiempo de que mi precioso hijo se aventure a un nuevo lugar de aprendizaje. Le haré saber a la maestra que estoy dispuesta a ayudar en cualquier forma. ¡Juntos haremos de éste un gran año!*

Preparaciones de último minuto

Actividad: Haga un botón que diga: "Soy valiente". Escriba el nombre de su hijo abajo, recorte el botón y péguele dos listones de colores para que parezca una medalla de "primer lugar".

Coloque el botón en la camisa de su hijo con un seguro antes de que se marche a la escuela (¡*sólo si desea usarlo!*). Explíquele lo que dice y dígale que está usted orgullosa de que esté listo para asistir a la escuela.

Material:
Cartulina

Dos listones de color para el botón

Semana cincuenta y dos: Mi primer día de escuela

Un minuto para mamá: *Ha llegado la mañana del primer día de escuela. ¡Estoy emocionada! Pero aún hay una parte de mí que desearía que se retrasaran un poco más sus años preescolares. ¿Por qué? Quizá para sentir que me necesita, pero como su mamá, siempre me necesitará mientras crezca... sólo que de diferentes maneras. Este pensamiento me reconforta. ¡Es hora de ir a la escuela!*

El desayuno

Material:
¡Un corazón alegre!

Actividad: Disponga de tiempo suficiente hoy para sentarse y desayunar *con* su hijo. ¡Lo mejor para un día tan importante es no estar deprisa! Tómele una foto a su hijo antes de llevarlo a la escuela. Si puede, llévelo usted misma el primer día de clases y ¡ ahí también use la cámara!

Si su hijo va a tomar el almuerzo en la escuela, ponga sus alimentos en empaques fáciles de abrir. También agregue un dulce o su botana preferida con una estampa o una nota que diga: "Te quiero mucho".

Cuando se despida de su hijo, arrodíllese y bese la palma de su mano. Dígale: "Si me extrañas durante el día, pon la palma de tu mano en tu mejilla e imagina que mamá te está dando un beso".

Semana cincuenta y dos: Mi primer día de escuela

Un minuto para mamá: *El simple hecho de saber que una vida respiró con más tranquilidad porque tú viviste es haber triunfado.* Emerson

Actividad: Dedique un tiempo para escribir lo que piensa. Luego disfrute un rato de calma bien merecido. ¡Felicidades por un trabajo bien hecho!

Momentos para recordar...

Esta edición se imprimió en Abril de 2010. Impresora Alfa
Lago Managua No. 50. México, D.F. 11280.

DOBLAR Y PEGAR

SU OPINIÓN CUENTA

Nombre ....

Dirección ....

Calle y núm. exterior .... Interior ....

Colonia .... Delegación ....

C.P .... Ciudad/Municipio ....

Estado .... País ....

Ocupación .... Edad ....

Lugar de compra ....

Temas de interés:

- ☐ *Empresa*
- ☐ *Superación personal*
- ☐ *Motivación*
- ☐ *Superación personal*
- ☐ *New Age*
- ☐ *Esoterismo*
- ☐ *Salud*
- ☐ *Belleza*

- ☐ *Psicología*
- ☐ *Psicología infantil*
- ☐ *Pareja*
- ☐ *Cocina*
- ☐ *Literatura infantil*
- ☐ *Literatura juvenil*
- ☐ *Cuento*
- ☐ *Novela*

- ☐ *Cuentos de autores extranjeros*
- ☐ *Novelas de autores extranjeros*
- ☐ *Juegos*
- ☐ *Acertijos*
- ☐ *Manualidades*
- ☐ *Humorismo*
- ☐ *Frases célebres*
- ☐ *Otros*

¿Cómo se enteró de la existencia del libro?

- ☐ *Punto de venta*
- ☐ *Recomendación*
- ☐ *Periódico*
- ☐ *Revista*
- ☐ *Radio*
- ☐ *Televisión*

Otros ....

Sugerencias ....

Listo para el kinder

| RESPUESTAS A PROMOCIONES COMERCIALES (ADMINISTRACIÓN) SOLAMENTE SERVICIO NACIONAL | CORRESPONDENCIA RP09-0323 AUTORIZADO POR SEPOMEX |

EL PORTE SERÁ PAGADO POR:

Selector S.A. de C.V.
Administración de correos No. 7
Código Postal 06720, México D.F.

Books for the Teen Age

1998

About the Cover:

Lost deep in the pages of a book, this visitor from another planet, while not keen on Earth, loves books and the places you can get them - libraries.

Stop in at your nearest branch library, pick up a copy of BOOKS FOR THE TEEN AGE and see what's available for yourself.
Here's to many hours of pleasurable reading.

[The cover art for the 1998 **Books for the Teen Age** was created by Paul Pinto, 10th grader at Fiorello H. LaGuardia High School of Music & Art and Performing Arts.]

SAN JOSE PUBLIC LIBRARY

Welcome!

Our friendly extraterrestrial invites you to join in the glorious fun of reading a good book. You will have no problem accepting the challenge, because so many terrific books were published this past year and are ready for you to discover in the library. We have selected some highlights from titles scattered throughout the List to tempt, but they are truly just the first stars in this galaxy.

You will find stories to **scare** you, make you **laugh** or **shed a tear**, or show you new ways to work through a problem; **extraordinary people** to meet who are doing **unusual** and **exciting things**; and books of information on subjects too numerous to mention. There are many titles to inform you and start your brain cells working; and others just to help you sit back and enjoy and let your **imagination soar**. I know that you will find a special book **just for you** on this List.

To guarantee that you will come upon the best that has been published, all books have been read and selected for you by librarians who work with young adults. This is a browsing list and books are arranged by subjects you have asked for when visiting the library. There are approximately **1000 titles** on the List and the brand new ones are marked with an asterisk (*).

Many of the titles listed are available in **recorded format** or **Braille** from the Andrew Heiskell Library for the Blind and Physically Handicapped. For information on this service and a **special large print edition** of Books for the Teen Age, call 212-206-5400.

The books on the List are on display year-round at the **Nathan Straus Young Adult Center**, Donnell Library Center, **20 West 53rd Street**. Each New York Public Library branch has many of the books on this List and other books of special interest to teenagers. Because you vary so much in your interests, maturity and reading ability, the books on the List differ greatly in difficulty and depth. They may be shelved in various places in the library. **Ask your librarian** to help you find a book you are particularly interested in reading. Let your librarian know whether you like the book or not. **We are interested in your opinion.** It will help us in selecting books for Young Adult collections in the branch libraries and in preparing future booklists for you.

For more information on programs and special booklists, check out our homepage **Teen Link** at **http://www.nypl.org/branch/teen/teenlink.html**

So here, for you, are our picks of books that defy superlatives and are simply "out of this world". **Enjoy!**

Marilee Foglesong

Marilee Foglesong
Coordinator of Young Adult Services

Table of Contents

1. The Creative Spirit
Historical Fiction, Horror, Teen Novels, Science Fiction
Page 4

2. Science
Astronomy and Space Exploration, Computers and Technology, Planet Earth, Animals,
Page 11

3. Here/Now
Crime and Justice, AIDS, Remarkable People, Looking Good, War and Peace, Being Gay
Page 14

4. One World
Black Americans, Native Americans, Latinos, Coming to America, Other Countries
Page 20

5. Action & Adventure
Crafts, Hobbies, Games, Sports Athletes, Wheels and Wings
Page 25

Look for **Teen Link**, The New York Public Library's web site for teenagers.

http://www.nypl.org/branch/teen/teenlink.html

index of subjects

- 14 **A**dventures in Ideas
- 20 Africa
- 14 AIDS
- 22 The Americas
- 12 Anatomy and Medicine
- 11 Animals and Animal Stories
- 13 Archaeology and the Early World
- 5 Art and Architecture
- 20 Asia
- 11 Astronomy and Space Exploration
- 26 Athletes
- 16 **B**eing Gay
- 12 Biology, Chemistry and Physics
- 14 **C**ommunicating
- 13 Computers and Technology
- 25 Crafts, Hobbies and Games
- 15 Crime and Justice
- 17 Current and Changing Scene
- 6 **D**ance
- 15 Drugs
- 21 **E**urope
- 7 **F**ilm, Photography and Video
- 15 **G**etting it Together
- 6 Graphic Novels
- 10 **H**istorical Fiction
- 7 Horror
- 4 Humor
- 22 **L**atinos
- 15 Looking Good
- 16 Love and Sex
- 17 **M**ake Up Your Mind
- 12 Mathematics
- 20 The Middle East
- 6 Mystery and Suspense
- 21 **N**ative Americans
- 19 Never Again: The Holocaust
- 24 New York, NY
- 9 Novels and Short Stories
- 17 **O**vercoming Odds
- 13 **P**lanet Earth
- 7 Poetry
- 10 **R**ap, Rock and Bach
- 17 Remarkable People
- 11 **S**cience in General
- 4 Science Fiction and Fantasy
- 26 Sports
- 26 Sports and Adventure Stories
- 8 **T**een Novels and Short Stories
- 5 Theater
- 27 True Adventure
- 23 **U**.S.A.: Black America
- 24 U.S.A.: The Civil War and After
- 24 U.S.A.: Coming to America
- 23 U.S.A.: New Nation
- 22 U.S.A.: Our Heritage
- 24 U.S.A.: The 20th Century
- 18 **V**ietnam Remembered
- 18 **W**ar and Peace
- 25 Wheels and Wings
- 19 Women
- 18 Working
- 6 **Y**oung Love

The Creative Spirit

BLOOD AND CHOCOLATE
by Annette Curtis Klause
Delacorte, 1997

"Her laugh turned to a moan at the first ripple in her bones. She tensed her thighs and abdomen to will the change on, and clutched the night air like a lover as her fingers lengthened and her nails sprouted. Her blood churned with heat like desire. *The night,* she thought, *the sweet night.* The exciting smells of rabbit, damp earth, and urine drenched the air.

The flesh of her arms bubbled and her legs buckled to a new shape. She doubled over as the muscles of her abdomen went into a brief spasm, then grimaced as her teeth sharpened and her jaw extended. She felt the momentary pain of the spine's crunch and then the sweet release.

She was a creature much larger and stronger than any natural wolf. Her toes and legs were too long, her ears too big, and her eyes held fire. *Wolf* was only a convenient term they had adopted."

HUMOR

Bauer, Joan
Squashed. *Delacorte*
Nurturing Max, a 200lb. plus pumpkin

Cooper, Ilene
Buddy Love Now on Video. *HarperCollins*
Taping his family and friends

Fleischman, Paul
A Fate Totally Worse than Death. *Candlewick*
Terror! Body parts! Screams - of laughter

Gantos, Jack
***Jack's Black Book.** *FS&G*
Wacky 7th grader writing a novel

Horn, Delton T.
Comedy Improvisation. *Meriwether*
Exercises and techniques for beginners

Keller, Beverly
The Amazon Papers. *Harcourt Brace/Browndeer*
Iris, 15, and home alone

Lynch, Chris
Political Timber. *HarperCollins*
18 and running for Mayor

Morgan, Jay P.
***The Slanted Lens.** *General Publ. Co.*
Bizarre photocomics

Paulsen, Gary
***The Schernoff Discoveries.** *Delacorte*
Masterminding a disastrous first date

Reidelbach, Maria
Completely Mad. *Little, Brown*
A history of the comic book and magazine

Robinson, Lee
Gateway. *Houghton Mifflin*
Witty Mac and her eccentric guardian

Sleator, William
Oddballs. *Dutton*
A family on the brink of insanity

Tashjian, Janet
***Tru Confessions.** *Holt*
Tru, 12, creating a TV show

Zindel, Paul
The Pigman & Me.
HarperCollins/Charlotte Zolotow
Amusing secrets from the author's youth

SCIENCE FICTION AND FANTASY

Alexander, Lloyd
***The Iron Ring.** *Dutton*
A young king risks life to save honor

Anderson, Kevin J., editor
War of the Worlds. *Bantam/Spectra*
Reimagining the H.G. Wells's classic

Asimov, Isaac
Forward the Foundation. *Doubleday*
One man's last attempt to save humanity

Barron, T.A.
The Lost Years of Merlin. *Philomel*
A teenager's life of wizardry

Beagle, Peter S.
***Giant Bones.** *ROC*
Magical tale to grow on

Brooks, Terry
***Running with the Demon.** *Ballantine*
Showdown with Evil on the 4th of July

Bujold, Lois McMaster
Memory. *Baen*
Miles: killed, frozen, revived, alive

Burton, Levar
***Aftermath.** *Warner*
Will greed steal a needed miracle?

Butler, Octavia
Parable of the Sower. *Four Walls Eight Windows*
Lauren, on the run in a world gone mad

Card, Orson Scott
Pastwatch. *Tor*
Revising the destiny of Columbus

Clute, John
Science Fiction: The Illustrated Encyclopedia. *DK*
Journey to worlds beyond

De Lint, Charles
***Trader.** *Tor*
Max wakes up in another man's body

Dickinson, Peter
***The Lion Tamer's Daughter and other Stories.** *Delacorte*
Kindred souls meet in supernatural tales

Farmer, Nancy
The Ear, the Eye, and the Arm. *Orchard*
Three mutant sleuths in Zimbabwe

Gaiman, Neil
***Neverwhere.** *Avon*
Magic runs rampant in London's sewers

Gibson, William
Idoru. *Putnam's*
A 21st century virtual media star

Greenberg, Martin H., editor
Dinosaurs. *Donald I. Fine*
Stories of animals 65 million years gone

Helprin, Mark
***The Veil of Snows.** *Viking*
A peaceful kingdom under threat

Hogan, James P.
***Bug Park.** *Baen*
Kevin won't let his Dad get squashed

Kerner, Elizabeth
***Song in the Silence.** *Tor*
Lanen searches for dragons, finds love

Lackey, Mercedes
***Firebird.** *Tor*
Young man wins fame, fortune, princess

McKillip, Patricia A.
Winter Rose. *Ace*
Dreams and reality cross in the frozen wood

McKinley, Robin
***Rose Daughter.** *Greenwillow*
Beauty and her Beast amidst the flowers

Moon, Elizabeth
***Once a Hero.** *Baen*
Can Esmay be victorious again?

Napoli, Donna Jo
Zel. *Dutton*
Locked in a tower by her witch mother

Nix, Garth
Sabriel. *HarperCollins*
Facing dark magic to save her father
***Shade's Children.** *HarperCollins*
Fighting aliens and ferocious ferrets

Nodelman, Perry
***A Completely Different Place.** *S&S*
Johnny kidnapped by "Stranger" magic

O'Leary, Patrick
***The Gift.** *Tor*
Magic must be sacrificed to save the land

Perry, Steve
***Leonard Nimoy's Primortals.** *Warner*
An evolved dinosaur returns to Earth

Pratchett, Terry
***Interesting Times.** *HarperPrism*
Beware the 4 Horseman of the Common Cold!

Pullman, Phillip
***The Subtle Knife.** *Knopf*
Fate lays claim to Will and Lyra

Sheffield, Charles
*The Billion Dollar Boy. *Tor*
It's the space mines for rich, lazy Shelby

Skurzynski, Gloria
*Virtual War. *S&S*
Computer warriors holding the world's fate

Sleator, William
The Night the Heads Came. *Dutton*
Leo and Tim abducted by aliens

Smith, Sherwood
*Crown Duel. *Harcourt Brace/Jane Yolen*
Young nobles rising up against an evil king

Stirling, S.M.
*The Ship Avenged. *Baen*
Captain has deadly cargo & scores to settle

Stith, John E.
*Reckoning Infinity. *Tor*
Adversaries team up against alien object

Strickland, Brad
*The Bell, the Book, and the Spellbinder. *Dial*
An evil spell could make Fergie an old man

Teller, Astro
*Exegesis. *Vintage*
Computer program comes to life

Tolkien, J.R.R.
The Fellowship of the Ring. *Houghton*
Further into the land of the Hobbits

Velde, Vivian Vande
*Curses, Inc. and other Stories. *Harcourt Brace*
Beware! Magic always has consequences

Vinge, Joan D.
Dreamfall. *Warner*
Half-human Cat finds his alien roots

Weber, David
*In Enemy Hands. *Baen*
Busting out of a battlecruiser in space

Westwood, Chris
*Virtual World. *Viking*
Is Jack's new computer game too real?

Willis, Connie
*To Say Nothing of the Dog. *Bantam*
Save a cat in the past and doom the future

Yarbro, Chelsea Quinn
*Monet's Ghost. *Atheneum/Byron Preiss*
Geena is trapped in a painting

Yolen, Jane
*Twelve Impossible Things before Breakfast. *Harcourt Brace*
When good fairy tales go bad

THEATER

Brennan, Stephen Vincent
*Hit the Nerve: new Voices of the American Theater. *Holt*
Selections from Broadway and Off-Broadway

Colyer, Carlton
The Art of Acting. *Meriwether*
Basic exercises and techniques

Gallo, Donald R., editor
Center Stage. *Harper*
Ten one-act plays for teen actors

Morley, Jacqueline and John James
Shakespeare's Theater. *Peter Bedrick*
Building and performing in the Globe

Nardo, Don
Greek and Roman Theater. *Lucent*
The legacy of ancient civilizations

Shakespeare, William
Romeo and Juliet. *NAL*
The classic love story

Slaight, Craig and Jack Sharrar, editors
Multicultural Monologues for Young Actors. *Smith and Kraus*
Solo voices for young men and women
Multicultural Scenes for Young Actors. *Smith and Kraus*
Scenes for one or more
New Plays from A.C.T.'s Young Conservatory, vol.II *Smith and Kraus*
4 starring teenagers

Soto, Gary
*Novio Boy *Harcourt Brace*
Rudy asks an older woman for a date

Weitzman, David
Great Lives: Theater. *Atheneum*
Showpeople: playwrights, actors …

ART AND ARCHITECTURE

Baticle, Jeannine
Goya. *Abrams Discoveries*
Spanish painter of horrors and royals

Beckett, Sister Wendy
Sister Wendy's Grand Tour. *Stewart, Tabori & Chang*
Discovering the secrets of Europe's art

Brown, Kevin
Romare Bearden. *Chelsea House*
Creator of unique collages and paintings

Chin, Steven A.
*The Success of Gordon H. Chong & Associates. *Walker*
An architect builds his own firm

Crispino, Enrica
Van Gogh. *Peter Bedrick*
Starry nights, sunflowers, portraits...

Corrain, Lucia
*The Art of the Renaissance. *Peter Bedrick*
Key figures of the 15th and 16th centuries

Cumming, Robert
Annotated Art. *DK*
45 paintings: symbols, hidden meanings

Di Cagno, Gabriella
Michelangelo. *Peter Bedrick*
Painter, sculptor, and poet

Durrett, Deanne
*The Importance of Norman Rockwell. *Lucent*
America's best-loved illustrator

Garza, Hedda
Frida Kahlo. *Chelsea House*
Mexican painter of dramatic portraits

Imagineers
*Walt Disney Imagineering. *Hyperion*
Making film fantasy into theme parks

Kent, Sarah
Composition. *DK*
What makes a painting work

Kostenevich, Albert
*Henri Matisse. *Abrams*
A master of color, line, and form

Krull, Kathleen
Lives of the Artists. *Harcourt Brace*
The truth as well as the gossip

Loria, Stefano
Picasso. *Peter Bedrick*
The illustrated life of a Spanish genius

Nash, Eric Peter
Frank Lloyd Wright. *Smithmark*
Architect: prairie homes and skyscrapers

Sanderson, Peter
Marvel Universe. *Abrams*
The world of The Fantastic Four and X-Men

Slafer, Anna and Kevin Cahill
Why Design? *Chicago Review Pr.*
Problem solving with creative solutions

Stevenson, Neil
*Architecture. *DK*
3500 years of the world's greatest buildings

Thomson, Peggy with Barbara Moore
*The Nine-Ton Cat. *Houghton Mifflin*
Behind the scenes at an art museum

LIVES OF THE MONSTER DOGS
by Kirsten Bakis
Farrar Straus Giroux, 1997

"In December the dogs held a Christmas Parade, and the whole city turned out to watch. New York was lit up fantastically, as it is every Christmas... They closed off Fifth Avenue from Sixtieth Street to Washington Square for the parade, and, since the dogs wanted to ride in sleighs, artificial snow was spread along the length of it, making one quiet wintry path down the middle of the island. ...

We stood in our coats with mugs of cocoa in our hands as the procession passed beneath us, white limousines draped with gold and silver bunting, followed by forty sleighs of different shapes and sizes... the dogs sat in groups of two and three, wearing their military uniforms, ball gowns, tails and top hats, or wrapped in enormous coats.

'That's extravagant,' Monica said, looking at a Doberman in a full-length sable. 'Wearing that when you already have fur.'"

* New Title

BUG PARK
by James P. Hogan
Baen, 1997

"The device was no bigger than a cockroach.... At the edge of the sheet, inches from the sleeping man's ear, the device halted again to identify its target, gauging angles and distances.

Then it moved fast for the area beneath the ear lobe, where even in an autopsy a small puncture would easily be overlooked. The claws had anchored to the epidermis and the tiny needle discharged...

The man lay puzzled in the darkness... He swung his legs out and grabbed for the phone, but crashed instead into the bedside unit...

He put a hand to his head. ...

His legs buckled, and he slumped down onto the edge of the bed again. For a few seconds he tried futilely to resist whatever was happening to him; then he slid down and crumpled to a sitting position on the floor. His body went limp and keeled over.

At the foot of the bed, the tiny robot dropped to the floor... and exited to the corridor via the gap beneath the door."

GRAPHIC NOVELS

Busiek, Kurt and Alex Ross
Marvels. *Marvel Comics*
What if superheroes and villains were real?

Byrne, John
Wonder Woman: Second Genesis. *DC Comics*
Rising from the ashes of Paradise Island

Choi, Brandon, et al
Gen 13 #13A, B and C Collected Edition.
Image Comics
There's more to comics than collecting

Claremont, Chris
X-Men vs. Brood. *Marvel Comics*
Is love stronger than mutant power?

Dezago, Todd, et al
Spider-Man: Revelations. *Marvel Comics*
Spider-Man has been cloned!

Fleming, Robert L. and Robert F. Boyd, Jr.
The Big Book of Urban Legends.
Paradox Press
Comicbook of creepy, gross tales

Gaiman, Neil
Death: The Time of Your Life.
DC Comics / Vertigo
What's the price to save a child's life?

Lobdell, Scott
Askani'Son. *Marvel Comics*
Nathan: chosen to save the world

Rieber, John Ney
The Books of Magic: Reckonings.
DC Comics / Vertigo
How Tim's date went to Hell

Waid, Mark and Alex Ross
Kingdom Come. *DC Comics*
Two generations of superheroes at war

DANCE

Balanchine, George and Francis Mason
One Hundred One Stories of the Great Ballets.
Doubleday
From Giselle to Duo Concertant

Bussell, Darcey with Patricia Linton
The Young Dancer. *DK*
Step-by-step advice in photos from a pro

Dominy, Jeannine
Katherine Dunham. *Chelsea House*
Using Afro-Caribbean rhythms in dance

Pratt, Paula
Martha Graham. *Lucent*
A major figure of modern dance

Southgate, Martha
Another Way to Dance. *Delacorte*
Vicki - loving ballet, NYC, and Michael

Warner, Sally
Ellie & the Bunheads. *Knopf*
A self-critical ballerina dances and dreams

YOUNG LOVE

Balgassi, Haemi
Tae's Sonata. *Clarion*
Taeyong's crush on Josh

Bauer, Joan
Thwonk. *Delacorte*
When Cupid's arrow hits its mark

Hobbs, Valerie
How Far Would You Have Gotten if I Hadn't Called You Back? *Orchard*
Bron, confusing love and lust

Kindl, Patrice
Owl in Love. *Houghton Mifflin*
A girl-bird who loves a science teacher

Koertge, Ron
Confess-O-Rama. *Orchard/ Melanie Kroupa*
Dialing an anonymous number, finding love

Lane, Dakota
Johnny Voodoo. *Delacorte*
Beautiful Johnny bewitches Deirdre

Orgel, Doris
The Princess and the God. *Orchard*
Cupid's superhuman love

Roberts, Laura Peyton
Ghost of a Chance. *Delacorte*
Best friends falling for a handsome ghost

Sheldon, Dyan
The Boy of my Dreams. *Candlewick*
Falling in love with love

Wersba, Barbara
Whistle Me Home. *Holt*
When the one you love loves someone else

Williams-Garcia, Rita
Blue Tights. *Dutton*
Love in an African dance class

MYSTERY AND SUSPENSE

Alexander, Bruce
Person or Persons Unknown. *Putman's*
A killer loose in olde London towne

Attema, Martha
A Light in the Dunes. *Orca*
Danger and a body wash ashore

Baillie, Allan
Secrets of Walden Rising. *Viking*
Hidden treasure and evil from the past

Cook, Thomas H.
The Chatham School Affair. *Bantam*
Scandal and a watery death

Cooney, Caroline B.
The Terrorist. *Scholastic*
A package bomb kills Laura's brother

Cormier, Robert
Tenderness. *Delacorte*
Lori loves Eric, 18 and a serial killer

Day, Dianne
Fire and Fog. *Bantam*
San Francisco 1908: earthquake, fire, murder

Doyle, A. Conan
Adventures of Sherlock Holmes. *Macmillan*
The best of the master detective

Duncan, Lois
Gallows Hill. *Delacorte*
Danger surrounds Sarah and her visions

Gilstrap, John
Nathan's Run. *HarperCollins*
Only 12 and wanted for murder

Glenn, Mel
The Taking of Room 114. *Lodestar*
High school hostage drama - in poems!

Hoban, Russell
The Trokeville Way. *Knopf*
Nick, menaced by a bully and a magic world

King, Laurie R.
A Monstrous Regiment of Women.
St. Martin's
Mary, taking Sherlock Holmes' role

Land, Jon
The Fires of Midnight. *Forge*
Teen genius's experiment killing 1700

Levitin, Sonia
Yesterday's Child. *S&S*
Finding danger in her mother's past

McColley, Kevin
***Switch.** S&S
Where is the "real" Ricky?

Melton, H. Keith
The Ultimate Spy Book. DK
Secretive and shadowy, the world of the spy

Nixon, Joan Lowery
***Murdered, My Sweet.** Delacorte
Jenny and her mystery-writer mom, nab killer

Peck, Richard
Are You in the House Alone? Viking
Where Gail is raped while babysitting

Preston, Douglas and Lincoln Child
***Reliquary.** Forge
There's something nasty under NYC

Ryan, Mary Elizabeth
***Alias.** S&S
Toby's mom is wanted by the law

Springer, Nancy
***Secret Star.** Philomel
Does a stranger hold a key to Tess's past?

Thompson, Julian F.
***Ghost Story.** Holt
Anna's savior may be a girl long dead

HORROR

Card, Orson Scott
Treasure Box. HarperCollins
Open at your own risk

Carr, A.A.
Eye Killers. Univ. of Oklahoma Pr.
A 1000-year-old vampire chooses a bride.

Cohen, Daniel
***Raising the Dead.** Cobblehill
Eva Peron's corpse, monsters, zombies...

Cox, Greg and T.K.F. Weisskopf, editors
Tomorrow Sucks. Baen
Short stories in a jugular vein

Dokey, Cameron
Love Me, Love Me Not. Z-Fave
Josh promised a love that would never die

Duncan, Lois, editor
Night Terrors. S&S
11 stories to read after dark

Hahn, Mary Downing
Look for Me by Moonlight. Clarion
An eternal night walker and lovely Cynda

Hambly, Barbara
Those Who Hunt the Night. Ballantine
Someone is murdering vampires.

King, Stephen
Carrie. NAL
Don't ask her to your prom!

Klause, Annette Curtis
***Blood and Chocolate.** Delacorte
Runs with werewolves, howls for meat boy

Marigny, Jean
Vampires. Abrams Discoveries
From antiquity to stage and screen

Matthews, Penny, compiler
Hair-Raising. Scholastic
10 authors, 10 chilling tales

Poe, Edgar Allan
Tell-Tale Heart and Other Writings. Bantam
Masterpieces of horror and lyrical poetry

Rice, Anne
Interview with the Vampire. Ballantine
Vampire tells all to reporter.

Saul, John
***The Presence** Fawcett Columbine
A mysterious skeleton and a secret lab

Smith, L.J.
Night World: Secret Vampire. Pocket
A dying Poppy is offered eternal life

Stearns, Michael, editor
A Nightmare's Dozen.
Harcourt Brace/Jane Yolen
Twelve tingling tales

Stoker, Bram
Dracula. NAL
The vampire from Transylvania

Velde, Vivian Vande
Companions of the Night.
Harcourt Brace/Jane Yolen
Ethan drinks the blood of humans

POETRY

Adoff, Arnold, editor
*I Am the Darker Brother., rev. ed. Aladdin
The voices of modern African American poets

Alexie, Sherman
*The Summer of Black Widows.
Hanging Loose Press
"Tears explode from their eyes..."

Appelt, Kathi
*Just People & Paper/Pen/Poem. Absey & Co.
Poems and invitations to write your own

Berry, James
*Everywhere Faces Everywhere. S&S
Islands: the Carribean and the United Kingdom

Blum, Joshua, editor
The United States of Poetry. Abrams
Words in your face

Carroll, Joyce Armstrong and Edward E. Wilson, compilers
*Poetry after Lunch. Absey & Co.
"poems hide. In the bottoms of our shoes."

Dickinson, Emily
Final Harvest. Little
The complete range of her work

Duffy, Carol Ann, editor
Stopping for Death. Holt
Mourning loved ones, celebrating life

Fisher, Barbara and Rich Spiegel, co-editors
*Streams 11. Waterways
The diverse voices of NYC teens

Giovanni, Nikki
*Love Poems. Morrow
"and...oh by the way...I really like you"

Inada, Lawson Fusao
*Drawing the Line. Coffee House Press
World War II internment camps recalled

Kherdian, David, editor
Beat Voices. Holt
Allen Ginsberg, Jack Kerouac, LeRoi Jones....

Morrison, Lillian, compiler
Slam Dunk. Hyperion
Voices of the basketball court

Nye, Naomi Shihab and Paul B. Janeczko, editors
I Feel a Little Jumpy around You. S&S
Poets, men and women: he said, she said

Ortiz Cofer, Judith
Reaching for the Mainland. Bilingual Pr.
Inspired by family and Puerto Rico

Patterson, Lindsay, editor
*A Rock against the Wind. Perigee
African-American poets speak of love

Peacock, Molly, Elise Paschen and Neil Neches, editors
Poetry in Motion. Norton
100 poems from NYC subways and buses

Perdomo, Willie
Where a Nickel Costs a Dime. Norton
El Barrio, NYC: "Where I'm From"

Reef, Catherine
Walt Whitman. Clarion
The life of one of America's great poets

Rosenberg, Liz, editor
*The Invisible Ladder. Holt
American poets remember childhood

Shore, Jane
*Music Minus One. Picador USA
"I'd pretend I was eavesdropping"

Sirowitz, Hal
Mother Said. Crown
"Don't eat any food in your room,"...

Sullivan, Charles, editor
*Imaginary Animals. Abrams
Created by poets and visual artists

Wooldridge, Susan G.
Poemcrazy. Clarkson Potter
Discover words and images everywhere

Wong, Janet S.
A Suitcase of Seaweed. McElderry
3 cultures: Korean, Chinese, American

FILM, PHOTOGRAPHY AND VIDEO

Duncan, Jody
*The Making of the Lost World: Jurassic Park.
Ballantine
Using special effects to make a film real

Haskins, Jim
*Spike Lee. Walker
Making films by any means necessary

Higgins, Chester, Jr.
Feeling the Spirit. Bantam
A photojournalist finds Africa everywhere

Jones, Chuck
Chuck Reducks. Warner
Creating Bugs Bunny, Marvin Martian...

Langford, Michael
Learn Photography in a Weekend. Knopf
Tips on creative picture taking

Meachum, Virginia
Steven Spielberg. Enslow
E.T., Jurassic Park, Schindler's List...

Myers, Walter Dean
Glorious Angels. HarperCollins
Beloved children, antique photographs

Resnik, Gail and Scott Trost
All You Need to Know about the Movie and TV Business. S&S
Behind the scenes; in front of the cameras

Salinger, Adrienne
In My Room: Teenagers in Their Bedrooms.
Chronicle
Photographs of the most private spaces

* New Title

Timpone, Anthony
Men, Makeup, and Monsters. *St. Martin's Griffin*
Hollywood's masters of illusion and FX

Wolf, Sylvia
Focus. *Albert Whitman*
2 centuries, 5 women photographers

Teen Novels and Short Stories

Alford, Jan
***I Can't Believe I Have to Do This.** *Putman's*
Deon, recording his 13th year

Bloor, Edward
***Tangerine.** *Harcourt Brace*
Paul, facing his evil older brother

Cadnum, Michael
***Edge.** *Viking*
Looking for revenge after his Dad was shot

Cole, Brock
***The Facts Speak for Themselves.** *Front Street*
13-year-old witness to murder

Cooney, Caroline B.
***What Child Is This?** *Delacorte*
A miracle for a foster child

Crew, Linda
***Long Time Passing.** *Delacorte*
Finding her true talent and her true love

Crutcher, Chris
Ironman. *Greenwillow*
Controlling his anger, training to win

Curtis, Christopher P.
The Watsons Go to Birmingham - 1963. *Delacorte*
Family trip when the South exploded

Dines, Carol
***Talk to Me.** *Delacorte*
Stories of family, love, life

Dorris, Michael
***The Window.** *Hyperion*
Meeting her black father's white family

Draper, Sharon M.
***Forged by Fire.** *Atheneum*
Gerald, escaping an abusive stepfather

Fleischman, Paul
***Seedfolks.** *HarperCollins/Joanna Cotler*
Planting a city garden

Giberga, Jane Sughrue
***Friends to Die For.** *Dial*
Looking for love, facing death

Gilbert, Barbara S.
Stone Water. *Front Street*
Helping Grandfather die

Grant, Cynthia
Mary Wolf. *Atheneum*
Falling into homeless tragedy

Griffin, Adele
***Sons of Liberty.** *Hyperion*
Forced to choose: Dad or the family

Haddix, Margaret Peterson
***Leaving Fishers.** *S&S*
Trying to escape a demanding cult

Horrocks, Anita
***Breath of a Ghost.** *Stoddart*
Accepting his little brother's death

Houston, Gloria
***Littlejim's Dreams.** *Harcourt Brace*
Earning his tough father's respect

Howe, James
***The Watcher.** *Atheneum*
The strange, sad girl's secret

Jenkins, A.M.
***Breaking Boxes.** *Delacorte*
Will Charlie reveal a secret to make a friend?

Keilor, Garrison and Jenny Lind Nilsson
The Sandy Bottom Orchestra. *Hyperion*
Playing the fiddle, finding romance

Kindl, Patrice
***The Woman in the Wall.** *Houghton Mifflin*
Anna, an extremely shy person

Kinsey-Warnock, Natalie
***As Long As There Are Mountains.** *Cobblehill*
Loving her family's Vermont farm

Krisher, Trudy
***Kinship.** *Delacorte*
Growing up fine without Daddy

Lantz, Francess
***Someone to Love.** *Avon*
Sara, 15, whose parents want a baby

Levenkron, Steven
***The Luckiest Girl in the World.** *Scribner*
Katie, cutting herself to ease the pain

Levine, Gail Carson
***Ella Enchanted.** *HarperCollins*
When a curse forces Ella to always obey

Lord, Christina, editor
***Eighth Grade.** *Merlyn's Pen*
Young writers' best work

Many, Paul
***These Are the Rules.** *Walker*
Colm, ready to solve the mystery of girls

Mazer, Harry
***The Dog in the Freezer.** *S&S*
3 unusual boys and their dogs

Mazer, Harry, editor
***Twelve Shots.** *Delacorte*
Stories of guns used and misused

Mazer, Norma Fox
***When She was Good.**
Scholastic/Arthur A. Levine
Suffering an abusive older sister

McDonald, Joyce
***Swallowing Stones.** *Delacorte*
To confess or not to murder?

McGuigan, Mary Ann
***Where You Belong.** *Atheneum*
Runaway Bronx girl finds a black friend

Meyer, Carolyn
***Jubilee Journey.** *Gulliver Bks./Harcourt Brace*
Emily, visiting her Mom's black Texas kin

Miller, Dorothy Reynolds
***Home Wars.** *Atheneum/Jean Karl*
Fighting about guns and love

Moore, Martha
***Angels on the Roof.** *Delacorte*
Seeking her father's identity

Mowry, Jess
***Babylon Boyz.** *S&S*
Dante, his posse, and the cocaine

Naylor, Phyllis Reynolds
***Outrageously Alice.** *Atheneum*
Seeking thrills from the safety of home

Nolan, Han
***Dancing on the Edge.** *Harcourt Brace*
Flirting with madness

Orr, Wendy
***Peeling the Onion.** *Holiday House*
Losing more than her looks after the wreck

Qualey, Marsha
***Thin Ice.** *Delacorte*
Is Scott dead or missing?

Rochman, Hazel and Darlene Z. McCampbell, selectors
***Leaving Home.** *HarperCollins*
Teens growing up, finding their way

Rosen, Michael J.
***The Heart Is Big Enough.** *Harcourt Brace*
5 stories of kids' triumphs

Rottman, S.L.
***Hero.** *Peachtree*
Sean, taking control of his lousy life

Rylant, Cynthia
Missing May. *Orchard*
Grieving for a beloved aunt

Salisbury, Graham
***Shark Bait.** *Delacorte*
Looking for a fight in Hawaii

Savage, Deborah
***Under a Different Sky.** *Houghton Mifflin*
Poor boy, rich girl and an Olympic dream

Shoup, Barbara
***Stranded in Harmony.** *Hyperion*
Lucas, enduring senioritis

Spinelli, Jerry
***The Library Card.** *Scholastic*
Close encounters with books

Stevens, Diane
***Liza's Star Wish.** *Greenwillow*
Be careful with your wishes!

Thomas, Rob
***Doing Time.** *S&S*
Community service, serious and fun

Wartski, Maureen
***Runaway.** *Fawcett Juniper*
When Sunny's big sister left

Weiss, M. Jerry and Helen S. Weiss
***From One Experience to Another.**
Tom Doherty
What inspires an author?

White, Ruth
Belle Prater's Boy. *FS&G*
When Belle vanished

Williams, Carol Lynch
***The True Colors of Caitlynne Jackson.** *Delacorte*
Sisters escaping a vicious mother

Williams-Garcia, Rita
Like Sisters on the Homefront. *Lodestar*
Gayle, 14, and her baby sent South

Novels and Short Stories

Abraham, Pearl
The Romance Reader. *Riverhead*
The rebellion of the rabbi's daughter

Alvarez, Julia
In the Time of the Butterflies. *Algonquin*
Beautiful Dominican martyrs

Baker, Larry
***The Flamingo Rising.** *Knopf*
At the world's largest drive-in theater

Bakis, Kirsten
***Lives of the Monster Dogs.** *FS&G*
2008: elegant dogs in top hats, murder, NYC

Benedict, Helen
Bad Angel. *Dutton*
A Dominican-American teen parent holds on

Berg, Elizabeth
***Joy School.** *Random House*
Falling head over heels for the wrong man

Bohjalian, Chris
***Midwives.** *Harmony*
Deep in the night, a life or death decision

Choy, Wayson
***The Jade Peony.** *Picador USA*
Chinese or Canadian - when the cultures clash

Cohen, Leah Hager
***Heat Lightning.** *Avon*
A magical summer when secrets are revealed

Cook, Karin
***What Girls Learn.** *Pantheon*
Breast cancer steals a beloved mother

Cowan, Andrew
***Pig.** *Harcourt Brace*
Love and affection at an isolated cottage

Crompton, Anne Eliot
***Gawain and Lady Green.** *Donald I. Fine*
A sacrifice follows a summer of love

D'Aguiar, Fred
The Longest Memory. *Pantheon*
A young slave's love and tragedy

Denker, Henry
***A Place for Kathy** *Morrow*
When AIDS leaves her an orphan

Duffy, Bruce
***Last Comes the Egg.** *S&S*
3 guys on the road in a stolen car

Hamill, Pete
***Snow in August.** *Little, Brown*
Friends: Michael Devlin and the rabbi

Hanauer, Cathi
My Sister's Bones. *Delacorte*
Pushed over the line to excel

Inman, Robert
***Dairy Queen Days.** *Little, Brown*
Trout, a boy alone, surrounded by family

Kelton, Elmer
***Cloudy in the West.** *Forge*
Joey runs for his life in East Texas

Kerr, Philip
***Esau.** *Holt/Marian Wood*
Is the preserved skull a missing link?

Laxalt, Robert
***Dust Devils.** *Univ. of Nevada Pr.*
Chasing a horse thief across the desert

Lyon, George Ella
***With A Hammer for My Heart.** *DK Ink*
Young love, old love, true love

major, devorah
***An Open Weave.** *Seal Press*
3 generations, one African American family

McClain-Watson, Teresa
***Plenty Good Room.** *Fjord Press*
Ralph moves south to escape the violence

McLeay, Alison
***The Summer House.** *St. Martin's*
Chrissie's neighbors change her life

Mills, Deanie Francis
***Ordeal.** *Dutton*
A militia group kidnaps a mother and son

Nicholson, Joy
***The Tribes of Palos Verdes.** *St. Martin's*
A California girl finds solace in surfing

O'Brien, Edna
***Down by the River.** *FS&G*
Father, daughter, rape and pregnancy

Pierce, Constance
***Hope Mills.** *Pushcart Press*
Longing for a life beyond the small town

Rae, Catherine M.
***Sunlight on a Broken Column.** *St. Martin's*
A fortune lost, 3 fend for themselves

Rainey, John Calvin
***The Thang that Ate my Grandaddy's Dog.**
Pineapple Press
A Florida swamp and one eccentric family

Renino, Christopher
***The Way Home Is Longer.** *St. Martin's*
Batboy for the 1947 Brooklyn Dodgers

Revoyr, Nina
***The Necessary Hunger.** *S&S*
Basketball rivals who bond as sisters

Reynolds, Marjorie
***The Starlite Drive-in.** *Morrow*
36 years later, human bones unearthed

Reynolds, Sheri
***A Gracious Plenty.** *Harmony*
A gravekeeper communes with the dead

Rodriguez, Abraham
Spidertown. *Hyperion*
South Bronx love story

Sapphire
Push. *Knopf*
Precious, an abused survivor speaks

Stollman, Aryeh Lev
***The Far Euphrates.** *Riverhead*
Alexander, given the key to unlock the past

Syal, Meera
***Anita and Me.** *The New Press*
A Punjabi girl yearns to be tough

Thomas, Abigail
***An Actual Life.** *Algonquin*
1960 Buddy and Virginia forced to marry

Ziesk, Edra
***Acceptable Losses.**
Southern Methodist Univ. Pr.
Looking for love down by the Jersey shore

DANCING ON THE EDGE
by Han Nolan
Harcourt Brace, 1997

"'Shoot, let's just do it, okay?' he said, pulling forward in his seat and resting his wide, hairy hands on the edge of the Ouija board.

Gigi lit three of the candles that hung from a chandelier over the table and turned out the lights.

We all sat with our hands placed before us on the table and waited for a signal from Gigi. She had closed her eyes and was taking deep breaths through her nose and letting them out through the O she made with her lips. The candles flickered above us, casting dancing shadows in the room and on our faces. I looked at the three people sitting with me and they didn't look like themselves at all. ...

Gigi began to hum, and we all placed our fingertips on the planchette.

We sat listening to the low tone of her hum for a few minutes, and then I saw Gigi's body jerk sideways. 'Who's there?' she asked.

The planchette moved. I felt goose bumps rise up on my arms, and my bottom began to itch. The planchette moved again, and it felt as if the guide piece were simply floating beneath my fingertips. I knew I wasn't making it move. I looked at Uncle Toole. His eyes were closed. So were Aunt Casey's and Gigi's. The planchette stopped moving and they opened their eyes. The nail was pointing at the letter *R*."

* New Title

SHARK BAIT
by Graham Salisbury
Delacorte, 1997

"Kalani slugged Reggie's arm. 'Going be one tariffic day, today. I can smell it. Navy guys going come and Booley going fight and it don't get nooooo better than that.'

The last time a Navy ship came in, Booley Domingo picked a fight with a haole swabby. Booley hates, hates, *hates* white Navy guys, because his moms ran off with one about four years ago. She met him in a hotel bar. One month after that sailor's ship left, Booley's moms was gone. Poof. Busted up the family, and busted up Booley. He took it hard. Like I said, I know something about him that nobody else does. ...

But anyways, the last time a Navy ship came, Booley went looking for a fight and found one with a big swabby, a monster guy with a square jaw and small eyes. Not a good choice. Booley ate it right in front of all us guys and half the town. The Navy guy just chewed him up and spit him out. And when he walked away, Booley said, 'I going *kill* you!' Luckily, the SPs grabbed the guy and took him back to the ship.

But now Booley was bigger. And stronger."

RAP, ROCK AND BACH

Ardley, Neil
A Young Person's Guide to Music. *DK*
Making the sounds come alive, and a CD

Bacon, Tony and Paul Day
Ultimate Guitar Book. *Knopf*
450 of the world's great guitars

Collier, James Lincoln
***Jazz.** *Holt*
Introducing the sound born in America

Davis, Francis
The History of the Blues. *Hyperion*
The roots, the music, the people

Dolan, Sean
Bob Marley. *Chelsea House*
The life and legacy of the reggae star

Evans, Roger
How to Read Music. *Crown*
Lessons for the new musician

Fordham, John
Jazz. *DK*
The musicians, the instruments, the music

Goodnough, David
***Pablo Casals.** *Enslow*
Cellist for the world
***Placido Domingo.** *Enslow*
World renowned tenor and music ambassador

Gourse, Leslie
Billie Holiday. *Watts*
The blues and jazz of Lady Day

Johnson, Jeff
***Careers for Music Lovers & other Tuneful Types.** *VGM*
On the stage or behind the scenes

Jones, Hettie
Big Star Fallin' Mama., rev. ed. *Viking*
Blues women - Ma Rainey to Aretha

Krull, Kathleen
Lives of the Musicians. *HBJ*
From Mozart to Gershwin with laughter

LL Cool J with Karen Hunter
***I Make My Own Rules.** *St. Martin's*
The man in the hat will knock you out

Nicholls, Geoff
***The Drum Book.** *Miller Freeman*
The percussive instrument of rock

Obstfeld, Raymond and Patricia Fitzgerald
***Jabberrock.** *Owl Books*
2000 + rock 'n' roll quotations

O'Dair, Barbara, editor
***The Rolling Stone Book of Women in Rock.** *Random House*
Pioneers, divas, rebels, and poets

Raphael, Amy
Grrrls: Viva Rock Divas. *St. Martin's Griffin*
Courtney Love, Bjork, Kim Gordon...

Reisfeld, Randi
This is the Sound. *Aladdin*
Smashing Pumpkins, Pearl Jam...

Woodward, Fred, editor
Rolling Stone Images of Rock & Roll. *Little, Brown*
Unforgettable photographs, favorite stars

Woog, Adam
***The Importance of Elvis Presley.** *Lucent*
The King of Rock 'n' Roll

HISTORICAL FICTION

Anthony, Piers
***Hope of Earth.** *Tor*
A family history spanning 5 million years

Burandt, Harriet and Shelley Dale
***Tales from the Homeplace.** *Holt*
Life in rural Texas during the Depression

Garland, Sherry
***The Last Rainmaker.** *Harcourt Brace*
Caroline discovers her Indian heritage

Hesse, Karen
***Out of the Dust.** *Scholastic*
The `30s: loss, sorrow, healing, forgiveness

Holeman, Linda
***Promise Song.** *Tundra*
Sisters sent to Canada for a better life

Loveday, John
***Goodbye, Buffalo Sky.** *McElderry*
Pursuing a killer across the Great Plains

Lyons, Mary E.
***The Poison Place.** *Atheneum*
A slave suspects his owner of murder

Maxwell, Robin
***The Secret Diary of Anne Boleyn.** *Arcade*
Read by her daughter, Queen Elizabeth

McCaffrey, Anne
Black Horses for the King. *Harcourt Brace*
Helping King Arthur defeat his enemies

Moran, Thomas
***The Man in the Box.** *Riverhead*
Hiding a Jew brings danger during WWII

Oughton, Jerrie
***The War in Georgia.** *Houghton Mifflin*
Battles rage at home and abroad

Patrick, Denise Lewis
***The Adventures of Midnight Son.** *Holt*
An escaped slave becomes a cowboy

Paulsen, Gary
***Sarny.** *Delacorte*
Seeking her children and a better life

Pfitsch, Patricia Curtis
***Keeper of the Light.** *S&S*
Is it a proper role for a girl in 1872?

Rabe, Berniece
***Hiding Mr. McMulty.**
Harcourt Brace/Browndeer
Racial hatred in the rural South

Rinaldi, Ann
***An Acquaintance with Darkness.**
Gulliver Bks./Harcourt Brace
Why is Emily's uncle robbing graves?
***The Second Bend in the River.** *Scholastic*
In love with Chief Tecumseh

Schneider, Mical
***Between the Dragon and the Eagle.** *Carolrhoda*
Adventures from ancient China to Rome

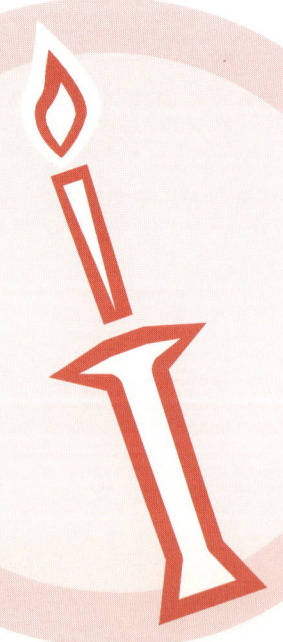

SCIENCE IN GENERAL

Cooney, Miriam P., editor
*Celebrating Women in Mathematics and Science.
National Council of Teacher of Mathematics
Important women in male-dominated fields

Dewdney, A.K.
*Yes, We Have no Neutrons. Wiley
Old and new examples of bad science

Henderson, Harry and Lisa Yount
*Twentieth Century Science. Lucent
Atomic theory, telecommunications, genetics

Johnson, Jinny, editor
*What Makes the World Go Round? Holt
Colorful illustrations give us the answers

Lindop, Laurie
*Scientists and Doctors. Twenty-First Century
10 remarkable women of modern science

McGowan, Chris
*Make your own Dinosaur out of Chicken Bones. HarperPerennial
Build an accurate replica of Apotosaurus

Trefil, James
*Are We Unique? Wiley
Is human intelligence special?

Tucker, Tom
*Brainstorm. FS&G
Teens who invented popsicles, earmuffs and TV

Wynn, Charles M. and Arthur W. Wiggins
*The Five Biggest Ideas in Science. Wiley
They changed how we see the world

ASTRONOMY AND SPACE EXPLORATION

Asimov, Isaac
Isaac Asimov's Guide to Earth and Space.
Fawcett
Questions and answers about our universe

Clark, Jerome
*The UFO Book. Visible Ink
Encyclopedia of the extraterrestrial

Clarke, Arthur C.
The Snows of Olympus. Norton
A master's vision of a Mars colony

Couper, Heather and Nigel Henbest
Black Holes. DK
The strangest objects in the universe

SECRETS OF THE OCEAN REALM
by Michele and Howard Hall
Carroll & Graf/Beyond Words, 1997

"There are two reasons not to scratch the nose of a whale. At the time I knew of only one. This obvious reason is that the whale might not like it. In this case, however, my instinct was telling me that the whale would not be afraid. I moved closer, reached out, and gently began rubbing the large rubbery nose. The whale reacted by leaning toward me in an effort to increase the pressure of my massage. I couldn't believe this was happening. It was a magical moment.

One amazing thing about magical moments is how quickly they become boring. Most people, especially those who love whales, would probably say they could have enjoyed that moment for hours. But I doubt they'd find reality so idealistic. In fact, after only five minutes or so, I had had enough and decided to do something different.... I took my hand away and began to move. That is when I learned the second reason not to scratch the nose of a whale. The whale might like it. The whale might not want you to stop."

Goodwin, Simone
*Hubble's Universe. Penguin Studio
Stunning images from the space telescope

Gormley, Beatrice
Maria Mitchell. Eerdmans
An independent woman's life in science

Hawking, Stephen
The Illustrated A Brief History of Time., updated and expanded ed. Bantam
A genius explains time and the Universe

Miller, Ron and William K. Hartmann
The Grand Tour. Workman
A new look at the solar system

Mitton, Simon and Jacqueline Mitton
The Young Oxford Book of Astronomy.
Oxford Univ. Pr.
Understanding the starry night sky

Neal, Valerie, Catherine S. Lewis and Frank H. Winter
Spaceflight. Macmillan
A history of man's journey to the stars

ANIMALS AND ANIMAL STORIES

Aaseng, Nathan
*Poisonous Creatures. Twenty-First Century
On land, sea or in the air

Blockton, Rita
*Don't Call Me Rover!! Avon
Ahab to Zulu - 5001 names for pets

Bowen, Asta
*Hungry for Home. S&S
A mother wolf struggling to save her pack

Brooks, Bruce
Making Sense. FS&G
Perceiving and reacting to their world

Burnford, Sheila
The Incredible Journey. Bantam
Two dogs and a cat, across miles to home

Chrystie, Frances N.
Pets., 4th rev. ed. Little, Brown
Domestic and wild - how to care for them

Coren, Stanley and Janet Walker
*What Do Dogs know? The Free Press
How they think, feel, speak, learn

Croke, Vicki
*The Modern Ark. Scribner
Zoos from jails to habitats

New Title

YES, WE HAVE NO NEUTRONS
by A.K. Dewdney
John Wiley & Sons, 1997

"Every scientific discovery has two parts:

1. Getting an idea (like Archimedes in the tub)

2. Testing the idea (like Bacon and the balance)

Formally speaking, we call any idea worthy of testing an hypothesis. It makes no difference how a scientist obtains an hypothesis. In search of a new idea, a scientist may plunge into a hot bath, ponder the universe in an opium den, visit a psychiatrist, lie on the floor kicking and screaming, whatever works. I'm not suggesting that scientists typically use more than one of these methods at a time, only that the process by which a scientist gets an idea worth testing is not, strictly speaking, part of the scientific method. In many ways it is the fun part of science, where researchers speculate freely on the laws that operate behind the scenes."

Fogle, Bruce
ASPCA Complete Dog Training Manual. *DK*
Kindness and praise build communication.
***The Encyclopedia of the Cat.** *DK*
Felines from A to Z

Gonzalez, Philip and Leonore Fleischer
The Dog Who Rescues Cats. *HarperCollins*
Ginny, a mascot with a mission

Grady, Wayne
***Vulture.** *Sierra Club*
Revered, feared, nature's scavengers

Gutkind, Lee
***An Unspoken Art.** *Holt*
The new breed of veterinarians

Hall, Michele and Howard Hall
***Secrets of the Ocean Realm.** *Carroll & Graf*
An underwater photographer's exotic world

Hodgson, Barbara, collector
***The Rat.** *Ten Speed*
Rodent facts, lore and more

Knutson, Roger M.
Furtive Fauna. *Penguin*
The creatures who live on you

McNamee, Thomas
***The Return of the Wolf to Yellowstone.** *Holt*
The environmental story of the decade

Nuridsany, Claude & Marie Perennou
***Microcosmos.** *Stewart, Tabori & Chang*
The insect world in lush photographs

Padwee, Howard and Valerie Moolman
***The Cat Who Couldn't See in the Dark.** *Chapters*
A NYC vet's cat encounters

Paulsen, Gary
Puppies, Dogs and Blue Northers. *Harcourt Brace*
His sled dogs trained him well

Savage, Candace
Bird Brains. *Sierra Club*
What's behind that bright knowing eye?
***Mother Nature.** *Sierra Club*
Animal parents and their young

Sayre, April Pulley
***Endangered Birds of North America.** *Twenty-First Century*
Why they are threatened: how to save them

Sherr, Lynn
***Tall Blondes.** *Andrews McMeel*
All about giraffes, nature's gentle giants

Silverstein, Alvin, Virginia and Robert
Invertebrates. *Twenty-First Century*
Facts about 95% of animals living today
Vertebrates. *Twenty-First Century*
Classifying animals with backbones

Whittemore, Hank and Caroline Hebard
So That Others May Live. *Bantam*
Working with search-and-rescue dogs

Wilson, Don E.
***Bats in Question.** *Smithsonian Institution Pr.*
Facts about the most misunderstood of mammals

BIOLOGY, CHEMISTRY AND PHYSICS

Bernstein, Jeremy
***Albert Einstein and the Frontiers of Physics.** *Oxford Univ. Pr.*
He changed our concepts of space and time

Bodanis, David
***The Secret Family.** *S&S*
What really happens inside your body?

Collard, Sneed B., III
Alien Invaders. *Watts*
When new species dominate, trouble follows

DeSalle, Rob and David Lindley
***The Science of Jurassic Park and the Lost World.** *BasicBooks*
Could we grow dinosaurs from amber?

Krauss, Lawrence M.
***Beyond Star Trek.** *BasicBooks*
How much science is in science fiction?

Margulis, Lynn and Dorion Sagan
What is Life? *S&S*
Exploring the basic question

Morris, Richard
***Achilles in the Quantum Universe.** *Holt*
The definitive history of infinity

VanCleave, Janice
Janice Van Cleave's A+ Projects in Chemistry. *Wiley*
They might help you win the science fair.

MATHEMATICS

Bell, Eric T.
Men of Mathematics. *S&S*
From Zero to Poincare

Blatner, David
***The Joy of Pi.** *Walker*
A quirky history of an irrational number

Gardner, Robert and Edward A. Shore
Math & Society. *Watts*
Reading life in numbers

Henderson, Harry
Modern Mathematicians. *Facts on File*
13 who excel in the world of numbers

Krieger, Melanie Jacobs
Means and Probabilities. *Watts*
Using statistics in science projects

Lerner, Marcia
***Math Smart II.** *Random House*
Get a grip on algebra, geometry and trig

Richardson, Peter and Bob Richardson
Great Careers for People Interested in Math and Computers. *U.X.L.*
Designing video games isn't the only one.

ANATOMY AND MEDICINE

Biddle, Wayne
A Field Guide to Germs. *Holt*
From plagues to minor maladies

Clayman, Charles, editor
The Human Body. *DK*
Its structure, its functions, its diseases

Eisenpreis, Bettijane
***Coping: A Young Woman's Guide to Breast Cancer Prevention.** *Rosen*
Learn about it now and avoid worry later

Facklam, Howard
Alternative Medicine. *Twenty-First Century*
Fraud, fantasy or genuine healing

Fradin, Dennis B.
"We Have Conquered Pain". *McElderry*
The discovery of anesthesia

Garza, Hedda
Women in Medicine. *Watts*
From ancient to modern times

McCarthy, Claire
Learning How the Heart Beats. *Viking*
A pediatrician learns from her patients

Moragne, Wendy
***Dyslexia.** *Millbrook*
Strategies, tips for teens who are coping

Morrison, Jaydene
Coping with ADD/ADHD. *Rosen*
Methods to help with attention disorders

Mulcahy, Robert
***Medical Technology: Inventing the Instruments.** *Oliver Press*
From the thermometer to the EKG

Preston, Douglas and Lincoln Child
Mount Dragon. *Forge*
Evil experiments in the desert

Ramsdell, Melissa, editor
My First Year as a Doctor. *Walker*
Real doctors' stories about their work

Rhodes, Richard
***Deadly Feasts.** *S&S*
Is a fatal disease in our food supply?

Ross, Alan Duncan and Harlan Gibbs
The Medicine of ER or, how We almost Die. *Basic*
"I'm not a doctor, but I play one on TV"

http://www.nypl.org/branch/teen/teenlink.html

Sherrow, Victoria
Mental Illness. Lucent
Understanding diseases of the mind

Silverstein, Alvin, Virginia and Laura Silverstein Nunn
Sickle Cell Anemia. Enslow
Its symptoms, diagnosis and treatment

Thomas, Peggy
Medicines from Nature.
Twenty-First Century
Cures from the forest, cures from the sea

Yount, Lisa
Genetics and Genetic Engineering.
Facts on File
Reading and redesigning the code of life

Planet Earth

Allaby, Michael
Hurricanes. Facts on File
How they form and the damage they do

Arnosky, Jim
Nearer Nature. Lothrop, Lee & Shepard
One winter and spring on a Vermont farm

Burroughs, William J., et al
Weather. Time-Life
Pictorial guide to meteorology

Cerullo, Mary M.
Coral Reef. Cobblehill
A living city beneath the waves

Clarke, Arthur C. and Mike McQuay
Richter 10. Bantam
Predicting the "Big One"

Collard, Sneed B., III
Monteverde. Watts
Science in a Costa Rican cloud forest

Ganeri, Anita
The Oceans Atlas. DK
Explore above and below the surface

Gardner, Robert
Where on Earth Am I? Watts
Learn how to get there from here

Gonick, Larry and Alice Outwater
The Cartoon Guide to the Environment.
HarperPerennial
Is the Ozone Hole a grunge rock club?

Hall, Eleanor J.
Garbage. Lucent
Bury it, burn it, recycle it, reduce it

Lisowski, Marylin and Robert A. Williams
Wetlands. Watts
Projects that demonstrate their value

Lynch, Wayne
A Is for Arctic. Firefly
Natural wonders of the polar world

National Geographic Society Book Division
Restless Earth: Disasters of Nature.
National Geographic
Awesome reminders of the planet's power

Patent, Dorothy H.
Biodiversity. Clarion
All life on Earth is interconnected

Roleff, Tamara L., editor
Global Warming. Greenhaven
Is it really a threat to life on Earth?

Scott, Michael
The Young Oxford Book of Ecology.
Oxford Univ. Pr.
How plants and animals live together

Silverstein, Alvin, Virginia and Robert
Plants. Twenty-First Century
How and why we study them

Stanley, Phyllis M.
American Environmental Heroes. Enslow
They shaped our view of the natural world

Van Dover, Cindy Lee
The Octopus's Garden. Helix
Mysteries of the deep sea

Vogel, Shawna
Naked Earth. Dutton
The forces under the skin of our world

Computers and Technology

Gertler, Nat
Computers Illustrated. Que
What happens when you turn them on

Hellman, Hal
Beyond your Senses. Lodestar
Devices that surpass our inborn abilities

Herz, J.C.
Joystick Nation. Little, Brown
How video games rewired our minds

Macaulay, David
The Way Things Work. Houghton
Principles behind machines

Oleksy, Walter
Entertainment. Facts on File
How technology is expanding our choices

Owen, Trevor, Ron Owston and Cheryl Dickie
The Learning Highway. Key Porter
Using the Internet to be a better student

Wickelgren, Ingrid
Ramblin' Robots. Watts
Bugbots, moondozers and other fast-movers

Winters, Paul A., editor
Computers and Society. Greenhaven
Technology rules - pro and con

Wolff, Michael
Net College. Wolff New Media
Surf your way to a higher education

Archaeology and the Early World

Archibald, Zofia
Discovering the World of the Ancient Greeks.
Facts On File
Archaeology illustrated

Brown, Dale, editor
Mesopotamia. Time-Life
The mighty kings of a lost civilization

Burrell, Roy
First Ancient History. Oxford Univ. Pr.
From the Stone Age to the Fall of Rome

Clinton, Susan
Reading between the Bones. Watts
Eight pioneers of dinosaur paleontology

Corrick, James A.
The Early Middle Ages. Lucent
After Rome fell

Norell, Mark A., Eugene S. Gaffney and Lowell Dingus
Discovering Dinosaurs. Knopf
All your questions answered

Novacek, Michael
Dinosaurs of the Flaming Cliffs. Doubleday
Discovering Gobi Desert fossil treasure

Picq, Pascal and Nicole Verrechia
Lucy. Holt
The scoop on our earliest ancestors

Silverman, David P., editor
Ancient Egypt. Oxford Univ. Pr.
Daily life in the Nile's greatest empire

Spinar, Zdenek V.
Life before Man. Thames and Hudson
3,000 million years of Earth's development

Stefoff, Rebecca
Finding the Lost Cities. Oxford Univ. Pr.
Troy, Machu Picchu, Angkor, Knossos...

Thomas, Herbert
Human Origins. Abrams Discoveries
Following clues to our beginnings

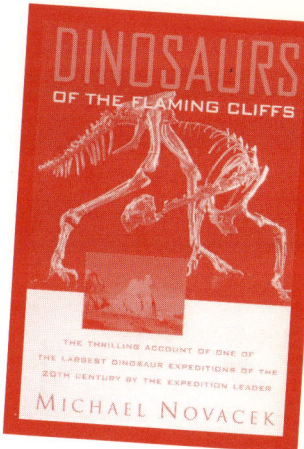

DINOSAURS OF THE FLAMING CLIFFS
by Michael Novacek
Doubleday/Anchor, 1996

"Mark found a very nice mammal jaw, Jim Clark another lizard, and I a mammal. We continued to pounce on precious specimens with remarkable consistency. Jim started to drift toward the more northern of the small hills, but Mark and I hung back. Mark would sing out, 'Skull!' and, almost on cue I would find one too. The surface of the gentle slopes and shallow gullies was splattered with white patches, as if someone had emptied a paint can in a random fashion over the ground. Up close, we could see that each patch was a dinosaur skeleton, either a *Protoceratops* or an ankylosaur, some fairly ravaged by erosion, but clean and articulated and beautifully preserved less than an inch below the surface. ...

A strange feeling started to take hold in me. At first it was only a twinge, a rush that made me shiver every time I saw yet another mammal skull or dinosaur skeleton sculpted in the rock. But the spark of excitement sustained itself with each new find. It was the feeling of ...what? Joy? Victory? The rush of discovery that comes after years of pursuit? I had the growing realization that I was having a day like no other in twenty years of field prospecting."

* New Title

AIDS

Baxter, Daniel J.
*The Least of These my Brethren. *Harmony*
Stories from a NYC AIDS ward doctor

Burkett, Elinor
The Gravest Show on Earth. *Houghton Mifflin*
Looking for blame instead of a cure

Ford, Michael Thomas
The Voices of AIDS. *Morrow*
Interviews from lives changed forever

Fowler, Bev
*Everything You Ever Wanted to Know about AIDS, but Were Afraid to Ask. *J&M*
How to protect yourself

Hoffman, Amy
*Hospital Time. *Duke Univ. Pr.*
Giving care and friendship

Huston, River
*A Positive Life. *Running Press*
Women living with HIV and AIDS

Jussim, Daniel
*AIDS & HIV. *Enslow*
Facts about the disease and staying safe

Nelson, Theresa
Earthshine. *Orchard*
Looking for a miracle to save her father

White, Ryan and Ann Marie Cunningham
Ryan White: My Own Story. *Dial*
A teen's courageous life with AIDS

Adventures in Ideas

Andryszewski, Tricia
*Communities of the Faithful. *Millbrook*
Seats outside the mainstream

Angelou, Maya
*Even the Stars Look Lonesome.
Random House
Personal experiences lead to wisdom

Barrett, David
Palmistry. *DK*
What your hands reveal about you

Bowker, John
*World Religions. *DK*
Social texts, beliefs and artifacts

Carnes, Jim
Us and Them. *Oxford Univ. Pr.*
Hating others because they are "different"

Durrett, Deanne
Angels. *Greenhaven*
Messengers from God or imaginary beings?

Eldon, Kathy, editor
*The Journey Is the Destination. *Chronicle*
The recreation of a creative life

Eli, Quinn, compiler
*Many Strong and Beautiful Voices.
Running Press
Those of African descent share beliefs

Ferguson, Gary
Spirits of the Wild. *Clarkson Potter*
Ancient myths about heaven and earth

Fleischman, Paul
Dateline: Troy. *Candlewick*
An ancient tale of war repeats itself

Goldin, Barbara Diamond
Bat Mitzvah. *Viking*
How a Jewish girl becomes a woman

Kimmel, Eric A.
Bar Mitzvah. *Viking*
How a Jewish boy becomes a man

Lawlor, Laurie
Where Will This Shoe Take You? *Walker*
The stories our footwear tell about us

Parker, Julia and Derek Parker
Parkers' Complete Book of Dreams. *DK*
What do they mean?

Platt, Richard
*Stephen Biesty's Incredible Everything. *DK*
How does it work? How was it made?

Zeinert, Karen
Cults. *Enslow*
Attractive and at times dangerous

Communicating

Brantley, C.L.
The Princeton Review Writing Smart Junior.
Random House
Letters, reports, research and computer tips

Carlip, Hillary
Girl Power. *Warner*
Young women speak out

Day, Nancy
Sensational TV. *Enslow*
Ethical coverage or manipulation?

Estepa, Andrea and Philip Kay, editors
*Starting with "I". *Persea*
Teens' views on family, race, sexuality

Finkelstein, Norman H.
*With Heroic Truth. *Clarion*
Edward R. Murrow, legendary news reporter

Fleming, Robert
*The Success of Caroline Jones Advertising, Inc.
Walker
Creating the images and slogans that sell

Jean, Georges
Writing. *Abrams Discoveries*
Recorded ideas on clay, papyrus and paper

Kronenwetter, Michael
How to Write a News Article. *Watts*
A guide to clear responsible reporting

Kulpa, Kathryn, editor
Short Takes. *Merlyn's Pen*
Short stories by and for teenagers

Oberg, Brent C.
Forensics. *Meriwether*
Be a winner at national speech contests.

Oleksy, Walter
Business and Industry. *Facts on File*
New technologies changing the way we work

Sullivan, Helen and Linda Sernoff
Research Reports. *Millbrook*
Interviews, print and on-line sources

Wakin, Edward
How TV Changed America's Mind.
Lothrop, Lee & Shepard
50 years of influence

Wilber, Jessica
Totally Private & Personal. *Free Spirit*
Web pages, zines, writing tips for girls

PARAMEDIC
by Peter Canning
Fawcett Columbine, 1997

"Tom teaches me to be a blank slate. 'Don't assume anything,' he tells me. 'Just because the call comes in for a diabetic, doesn't mean it's not a stroke victim. If it comes in as not feeling well, it could be a stabbing. It could be anything. You need to do a complete physical assessment; rule out as you go along. Don't assume anything. Don't tunnel. Do your assessments. Don't get caught with your pants down.'

He tells me of a paramedic called for a 'psych' patient, who had alcohol on his breath, and kept muttering, 'They're coming after me, they're coming after me.' The paramedic took him into the hospital, where the triage nurse put him in a wheelchair in the waiting room. Ten minutes later the man fell out of his chair, dead. They pulled his jacket back and discovered he had been shot twice. 'They' had already come for him."

DRUGS

Berger, Gilda
Crack., rev. ed. by Nancy Levitin. *Watts*
Why you should resist the temptation

Cheripko, Jan
Imitate the Tiger. *Boyds Mills*
Alcohol threatens Chris's football career

Childress, Alice
A Hero Ain't Nothin' but a Sandwich.
Avon Flare
13-year-old Benjie's struggle with heroin

Corser, Kira and Frances Payne Adler
When the Bough Breaks. *New Sage*
Addiction plus pregnancy equals tragedy

Harris, Jonathan
This Drinking Nation. *Four Winds*
From the colonies to the current scene

Hicks, John
***Drug Addiction: "No way I'm an Addict"**
Millbrook
From first use to recovery - teen stories

Hyde, Margaret O.
Know about Drugs., 4th. ed. *Walker*
More potent and dangerous than ever

Lee, Mary Price and Richard Lee
Drugs and the Media. *Rosen*
Seductive messages that lead to danger

Pietrusza, David
***Smoking.** *Lucent*
The pleasures, risks and legal battles

Pringle, Laurence
***Drinking.** *Morrow Junior Books*
Alcohol - a special risk for teens
Smoking. *Morrow Junior Books*
Medical facts/conflicting messages

Taylor, Clark
The House that Crack Built. *Chronicle*
Numbing the pain, killing the brain

GETTING IT TOGETHER

Abner, Allison and Linda Villarosa
Finding our Way. *HarperPerennial*
The teen girls' survival guide

Berg, Adriane G. and Arthur Berg Bochner
The Totally Awesome Business Book for Kids.
Newmarket
Skills and tips for starting right now!

Bolick, Nancy O'Keefe
How to Survive your Parents' Divorce. *Watts*
Separation, anger, grief and what to do

Cummings, Rhoda and Gary Fisher
The Survival Guide for Teenagers with LD.
Free Spirit
Growing up with a learning disability

Dear Parents. *Between Us*
Love, pain - teens' letters telling all

Desetta, Al, editor
The Heart Knows Something Different. *Persea*
NYC teen voices from the foster care system

Ekeler, William J., editor
***The Black Student's Guide to High School Success.** *Greenwood*
Step-by-step strategies and candid advice

Fiske, Edward B. with Bruce G. Hammond
***The Fiske Guide to Getting into the Right College.** *Times*
Finding the best school for you

Fry, Ron
***"Ace" Any Test, 3rd. ed.** *Career Press*
Tips and techniques to help you prepare
***How to Study, 4th. ed.** *Career Press*
Organizing your time, attitude and skills

Greenberg, Keith E.
Runaways. *Lerner*
Why they leave home, how some find help

Greenfeld, Barbara C. and Robert A. Weinstein
The Kids' College Almanac. *Gerson*
Tips for junior high students

Greenfield, Lauren
***Fast Forward.** *Knopf*
LA teens through a photographer's lens

Hall, Colin and Ron Lieber
***Taking Time Off.** *Noonday Press*
Learn by working, volunteering, travel

Hipp, Earl
Help for the Hard Times. *Hazelden*
Coping with loss and grief

Hirsch, Karen D., editor
***Mind Riot.** *Aladdin*
Comix artists remember teen years

Lindsay, Jeanne W.
Coping with Reality. *Morning Glory*
Practical advice from teenage couples

Mather, Cynthia L.
How Long Does It Hurt? *Jossey-Bass*
Recovering from incest and sexual abuse

Miller, Jean-Chris
***The Body Art Book.** *Berkley*
Tattoos and piercings: styles, safety, tips

Nathan, Amy
Everything You Need to Know about Conflict Resolution. *Rosen*
Working it out step-by-step

Nelson, Richard E. and Judith C. Galas
The Power to Prevent Suicide. *Free Spirit*
Reach out, listen, help

Packer, Alex J.
***How Rude!** *Free Spirit*
A humorous guide to good manners

Parr, Jan
The Young Vegetarian's Companion. *Watts*
Debunking myths about the risks

Robbins, Wendy H.
The Portable College Adviser. *Watts*
An all-inclusive guide and support system

Simpson, Carolyn
***Coping with Compulsive Eating.** *Rosen*
Recognizing signs, getting help

Stewart, Gail B.
Teen Mothers. *Lucent*
4 young women tell their stories

Weston, Carol
***Girltalk.** *HarperPerennial*
Advice on love, sex, family, friends

CRIME AND JUSTICE

Bode, Janet and Stan Mack
Hard Time. *Delacorte*
Teen victims, teen criminals speak out

Booher, Dianna Daniels
Rape: What Would You Do If...? *Messner*
Protecting yourself

Chadwick, Bruce
***Infamous Trials.** *Chelsea House*
From Salem witches to the Vietnam war

Ciment, James
Law and Order. *Chelsea House*
100 years ago in America

Corwin, Miles
***The Killing Season.** *S&S*
A summer with 2 LA detectives

Dolan, Edward F.
Child Abuse., rev. ed. *Watts*
Causes of suffering

Dolan, Robert W.
***Serial Murder.** *Chelsea House*
Inside the minds of killers

Garza, Hedda
Barred from the Bar. *Watts*
No women need apply

Horne, Gerald
***Powell v. Alabama.** *Watts*
The right to good legal counsel

Jackson, Donna
The Bone Detectives. *Little, Brown*
Solving old mysteries

Jones, Charlotte Foltz
***Fingerprints and Talking Bones.** *Delacorte*
Solving real-life crimes

Jones, LeAlan and Lloyd Newman with David Isay
***Our America.** *Scribner*
Chicago housing projects, teen reporters

Nardo, Don
***The Scopes Trial.** *Lucent*
Evolution, still controversial

Simenhoff, Mark, editor
My First Year as a Lawyer. *Walker*
Developing skills to win cases

Stewart, Gail B.
***Teens in Prison.** *Lucent*
4 serving time

LOOKING GOOD

Aucoin, Kevyn
The Art of Makeup. *HarperCollins*
A makeup artist's life and work

Bonner, Lonnice B.
Plaited Glory. *Crown*
The lowdown on locks, twists and braids

Cooke, Kaz
Real Gorgeous. *Norton*
Fashion fibs and diet myths

Hammerslough, Jane
Everything You Need to Know about Skin Care.
Rosen
Keeping it clean and glowing

Pratt, Jane
***Beyond Beauty.** *Clarkson Potter*
25 well-known teens share their secrets

*New Title

STONES IN WATER
by Donna Jo Napoli
Dutton Children's Books, 1997

"A soldier walked up and down in front of them. He wore the same high black boots, the same wide black belt, the same armband with a swastika, as the other soldiers. But he had a black patch on each collar tip with two white zigzag lines. And his helmet had the same two zigzag lines in black on a white background. The soldier spoke loudly. He held his crotch. Then he put one hand to his open mouth, as though he was putting something in it. He chewed big.

The boys nodded. Yes, they needed to use the bathroom. Yes, they were hungry.

The man pointed. The boys shuffled off the platform and relieved themselves in the dry grass by the wall of the station. Memo kept close on one side of Samuele; Roberto kept close on the other. Soldiers walked among the boys handing them hunks of dense, sweet-smelling dark bread and shouting, 'Brot.' Other soldiers followed, each carrying a bucket of water and a tin cup: 'Wasser.' The boys drank fast.

Roberto scanned the crowd of older boys on the other side of the station. Was that Sergio? He waved.

A soldier came up and said something.

'I was just trying to see my brother.'

The soldier hit him in the shoulder with the butt of his rifle.

Roberto let out a yelp. His *Brot* flew out of his hand. He staggered backward. He looked down. *Keep your mouth shut. Do what everyone else does. Keep your mouth shut. Do what everyone else does.*"

Silverstein, Alvin, et al
Overcoming Acne. Morrow
Dealing with this common teen problem

Slap, Gail B. and Martha M. Jablow
Teenage Health Care. Pocket
Understand your body, keep it well

LOVE AND SEX

Bode, Janet and Stan Mack
Heartbreak and Roses. Delacorte
It's not easy to fall in love.

Fenwick, Elizabeth and Richard Walker
How Sex Works. DK
Physical and emotional aspects

Flanagan, Geraldine L.
Beginning Life. DK
From conception to birth in photos

Gravelle, Karen and Jennifer Gravelle
The Period Book. Walker
Everything you need to know

Guernsey, JoAnn Bren
Sexual Harassment. Lerner
In schools, workplaces, everyday life

Hicks, John
Dating Violence. Millbrook
True stories of hurt and hope

Jukes, Mavis
It's a Girl Thing. Knopf
Stay safe, healthy and in charge

Lindsay, Jeanne Warren
Teen Dads. Morning Glory
Rights, responsibilities and joys

Montpetit, Charles, editor
The First Time. Orca
Real people's emotions, desires, feelings

Roberts, Tara, editor
***Am I the Last Virgin?** S&S
Young African - Americans on sex and love

Stoppard, Miriam
***Sex Ed.** DK
Growing up, relationships and sex

Wilks, Corinne Morgan, editor
***Dear Diary, I'm Pregnant.** Annick Press
Advise and support from teens

BEING GAY

Bauer, Marion Dane, editor
Am I Blue? HarperCollins
Short stories about growing up gay

Block, Francesca Lia
Baby Be-Bop. HarperCollins / Joanna Cotler
Family ghosts help Dirk move on.

Brimner, Larry Dane, compiler
***Letters to our Children.** Watts
Words of support for young gays

Dijk, Lutz van
Damned Strong Love. Holt
Persecuted by Nazis for loving a man

Ford, Michael Thomas
The World Out There. New Press
You're "out" ... so now what?

Garden, Nancy
Good Moon Rising. FS&G
When Janna fell in love with Kerry

Kerr, M.E.
Deliver Us from Evie. HarperCollins
"Coming out" shocks her family.
***"Hello," I Lied.** HarperCollins
Feelings for a girl confuse Lang

Ketchum, Liza
***Blue Coyote.** S&S
Alex: looking for Tito, facing the truth

Larson, Rodger
***What I Know Now.** Holt
For Dave, love and manhood are both mysteries

Mastoon, Adam
***The Shared Heart.** Morrow
Young gay lives in words and photos

Murphy, Timothy
***Getting Off Clean.** St. Martin's
Desire for Brooks rocks Eric's life

Reed, Rita
***Growing Up Gay.** Norton
"Coming out" is a challenge for 2 teens

Silver, Diane
***The New Civil War.** Watts
On the battleground for gay rights

Stewart, Gail B.
***Gay & Lesbian Youth.** Lucent
4 teens grapple with love and life

Woodson, Jacqueline
From the Notebooks of Melanin Sun.
Blue Sky Press
Angry that his mother loves a white woman

The Current and Changing Scene

Burby, Liza
World Hunger. *Lucent*
Poverty, famine, starvation

Cetron, Marvin and Owen Davies
***Probable Tomorrows.** St. Martin's*
Technology transforming our lives

Dolan, Edward F.
Your Privacy. *Cobblehill*
Protecting it in a nosy world

Dolan, Edward F. and Margaret M. Scariano
Illiteracy in America. *Watts*
The effects of not being able to read

Hinojosa, Maria
Crews. *Harcourt Brace*
The violent ways of NYC gangs

Hyde, Margaret O. and Elizabeth H. Forsyth
***The Sexual Abuse of Children and Adolescents.** Millbrook*
The silence is finally being broken

Katz, Jon
***Virtuous Reality.** Random House*
Will too much MTV make you nuts?

Roleff, Tamara L., editor
***Sexual Violence.** Greenhaven*
Dealing with the growing numbers

Seo, Danny
***Generation React.** Ballantine*
How you can help build a better world

Stewart, Gail B.
***Teen Runaways.** Lucent*
4 kids who did and why

Stevens, Leonard A.
***The Case of Roe v. Wade.** Putnam's*
The ongoing abortion debate

Vergara, Camilo José
The New American Ghetto. *Rutgers Univ. Pr.*
Images of the changing urban landscape

Winters, Paul A., editor
America's Victims. *Greenhaven*
It's not my fault, is it?

Make Up Your Mind

Andryszewski, Tricia
***School Prayer.** Enslow*
Should it be outlawed or allowed?

Barbour, Scott, editor
Health and Fitness. *Greenhaven*
How far can we trust the "experts"?

Cohen, Daniel
Animal Rights. *Millbrook*
Concern for all creatures

Graham, Ian
Fakes and Forgeries. *Raintree Steck-Vaughn*
Unsolved mysteries through the ages

Kronenwetter, Michael
Welfare State America. *Watts*
Safety net or social contract?

Netzley, Patricia D.
Alien Abductions. *Greenhaven*
UFO "hostages" and those who doubt them

Nichelason, Margery
Homeless or Hopeless? *Lerner*
Should we look away or lend a hand?

Nicholaus, Bret and Paul Lowrie
The Conversation Piece. *Ballantine*
Mind teasing questions to challenge you

Pascoe, Elaine
***Racial Prejudice.** Watts*
The social problem that won't go away

Roleff, Tamara L., editor
***Abortion.** Greenhaven*
Pro-life versus pro-choice

Williams, Mary E., editor
***Discrimination.** Greenhaven*
Can affirmative action work?

Overcoming Odds

Alexander, Sally Hobart
Taking Hold. *Macmillan*
Transformed from sighted to blind at 24

Atkin, S. Beth
Voices from the Streets. *Little, Brown*
Interviews with former gang members

Cohen, Leah Hager
Train Go Sorry. *Houghton Mifflin*
Growing up hearing in the deaf community

Frank, Lucy
I Am an Artichoke. *Holiday House*
Helping Emily overcome an eating disorder

Hayden, Torey
The Tiger's Child. *Scribner*
Surviving childhood abuse and neglect

Hockenberry, John
Moving Violations. *Hyperion*
The life of a paraplegic journalist

Kaufman, Miriam
Easy for You to Say. *Key Porter*
Teens living with chronic illness

Kingsley, Jason and Mitchell Levitz
Count Us In. *Harcourt Brace*
Growing up with Down Syndrome

Landsman, Julie, editor
***From Darkness/To Light.** Fairview Press*
Teens write how they triumphed over trouble

Philbrick, Rodman
Freak the Mighty. *Scholastic*
Kids with serious problems join forces.

Randle, Kristen
The Only Alien on the Planet. *Scholastic*
Solving the mystery of Smitty's silence

Talbot, Bryan
The Tale of one Bad Rat. *Dark Horse Bks.*
Helen's flight from her abusive dad

Toth, Jennifer
***Orphans of the Living.** S&S*
Teens trapped in the foster care system

Voigt, Cynthia
Izzy, Willy-Nilly. *Atheneum*
Adjusting to leg amputation

Walker, Lou Ann
Hand, Heart, & Mind. *Dial*
How the deaf have learned to communicate

Remarkable People

Angelou, Maya
I Know Why the Caged Bird Sings.
Random House
A Black writer's painful youth

Bruchac, Joseph
***Bowman's Store.** Dial*
An author's self discovery

Christianson, Gale E.
***Isaac Newton and the Scientific Revolution.** Oxford Univ. Pr.*
The challenges of genius

Cox, Clinton
***The Fiery Vision.** Scholastic*
John Brown, abolitionist martyr

Delany, Sarah L. with Amy Hill Hearth
***On my Own at 107.** HarperSanFrancisco*
Life without her sister Bessie

Drimmer, Frederick
***Incredible People.** Atheneum*
Stories of unusual lives

Dyer, Daniel
***Jack London.** Scholastic*
Colorful adventurer, popular author

Freedman, Russell
Eleanor Roosevelt. *Clarion*
The influential first lady

Harrison, Barbara and Daniel Terris
***A Ripple of Hope.** Lodestar*
The many sides of Bobby Kennedy

Hurley, Joanna
***Mother Teresa.** Courage Press*
Her moving life in photographs

MacLachlan, James
***Galileo Galilei.** Oxford Univ. Pr.*
The first experimental physicist

Mandela, Nelson
***Mandela.** Little, Brown*
The great South African leader

Meltzer, Milton
Theodore Roosevelt and his America. *Watts*
A leader for a time of change

Myers, Walter Dean
Malcolm X: by any Means Necessary. *Scholastic*
His life and legacy

O'Mara, Michael
***Diana Princess of Wales.** St. Martin's*
A tribute in photographs

Pratt, Paula Bryant
***Jane Goodall.** Lucent*
Champion of the chimpanzees

Reef, Catherine
John Steinbeck. *Clarion*
The famous author of The Grapes of Wrath

Robinson, Rachel
***Jackie Robinson.** Abrams*
First black man in the major leagues

Salzman, Mark
Lost in Place. *Random House*
Asian influences on an eccentric youth

Severance, John B.
***Gandhi.** Clarion*
Pacifist who led the people of India

* New Title

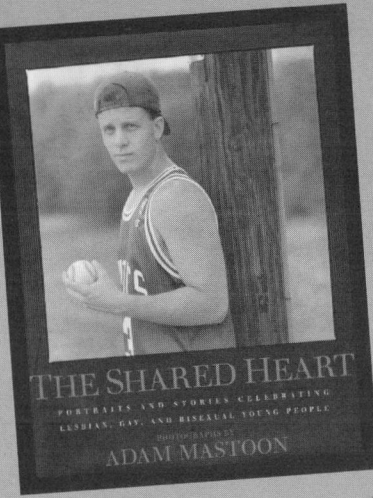

THE SHARED HEART
by Adam Mastoon
William Morrow and Company, Inc., 1997

"I am going to describe my father. He is six feet, six inches, 230 pounds, and a gym teacher in the Bronx. He isn't exactly the kind of guy you would want to approach and explain to that you are gay. I can remember him making anti-gay comments ever since I was young.

I was so scared to find out my father's reaction. To my pleasant surprise, he told me that I am who I am and that I didn't choose to be gay. He believes that you are born gay. I agree, and also believe that your sexuality is based on your biology, genes, and environment.

My father gave me the inner strength to come out at a young age. A month after I came out to him, just before school started we were sitting on the front steps of my house. I was really scared to enter my junior year of high school. I thought my father would have some advice on whether I should come out in school. He told me that I could never respect myself unless I was proud of who I am and I was able to hold my head up with dignity."

Wadsworth, Ginger
John Burroughs, the Sage of Slabsides. Clarion
Pioneer of the conservation movement

Whitelaw, Nancy
Mr. Civil Rights. *Morgan Reynolds*
The life of Thurgood Marshall

Wilson, Janet
The Ingenious Mr. Peale. *Atheneum*
Painter, patriot, man of science

WAR AND PEACE

Booth, Martin
War Dog. *McElderry*
Tracking the enemy during WWII

Crane, Stephen
The Red Badge of Courage. *Bantam*
An inexperienced boy in Civil War combat

Dudley, William, editor
World War II. *Greenhaven*
America's role in the "Good War"

Granfield, Linda
In Flanders Fields. *Doubleday*
Images of WWI in poetry and paintings

Hersey, John
Hiroshima. *Knopf*
Six who survived the atom bomb

Kotlowitz, Robert
Before Their Time. *Knopf*
Teenage infantry man facing Nazi fire

Marsden, John
The Dead of the Night. *Houghton Mifflin*
Surviving in a secret hideaway named Hell

Matas, Carol
The Garden. *S&S*
Can Ruth find peace in Palestine?

Mead, Alice
Adem's Cross. *FS&G*
Facing terror in the former Yugoslavia

Ousseimi, Maria
Caught in the Crossfire. *Walker*
Growing up in a war zone

Pran, Dith, compiler
Children of Cambodia's Killing Fields. *Yale Univ. Pr.*
Witness to the Khmer Rouge slaughter

Remarque, Erich Maria
All Quiet on the Western Front. *Little*
German soldiers' experiences in WWI

Rice, Earle, Jr.
The Battle of Belleau Wood. *Lucent*
The Marines face the Germans in WWI

Ricks, Thomas E.
Making the Corps. *Scribner*
What it means to be a Marine

Schur, Maxine Rose
Sacred Shadows. *Dial*
German Jewish girl feels Hitler's threat

Scott, Robert A.
Douglas MacArthur and the Century of War. *Facts on File*
Defending U.S. ideals with military might

Sheafer, Silvia Anne
Women in America's Wars. *Enslow*
Heroines throughout history

Stein, R. Conrad
The Korean War. *Enslow*
Why we fought "the forgotten war"

Terkel, Susan Neiburg
People Power. *Lodestar*
Using nonviolence to improve society

Warren, James A.
Cold War. *Lothrop, Lee & Shepard*
Democracy and communism in conflict

Wassiljewa, Tatjana
Hostage to War. *Scholastic*
A Russian teen amid the horrors of WWII

Westall, Robert
Time of Fire. *Scholastic*
A German bomb explodes Sonny's world

WORKING

Canning, Peter
Paramedic. *Fawcett Columbine*
911 connects to a mobile ER

Delsohn, Steve
The Fire Inside. *HarperCollins*
America's firefighting men and women

Duper, Linda Leeb
160 Ways to Help the World. *Facts on File*
Community service for young volunteers

Enkelis, Liane and Karen Olsen with Marion Lewenstein
On our own Terms. *Berrett-Koehler*
Portraits of women business leaders

Freedman, Russell
Kids at Work. *Clarion*
The crusade against child labor

Healy, Lisa, editor
My First Year in Book Publishing. *Walker*
Those who love books

Johnson, LouAnne
The Girls in the Back of the Class. *St. Martin's*
Tough kids, tough teacher

Kuch, K.D.
The Babysitter's Handbook. *Random House*
Tips for beginners and veterans

Leuzzi, Linda
A Matter of Style. *Watts*
Women in the fashion industry

Levinson, Nancy Smiler
She's Been Working on the Railroad. *Lodestar*
160 years: a history of women and trains

Mariotti, Steve with Tony Towle and Debra DeSalvo
The Young Entrepreneur's Guide to Starting and Running a Business. *Times Business*
Help yourself to success

McKenna, Thomas and William Harrington
Manhattan North Homicide. *St. Martin's*
On the beat with a NYC cop

Mazer, Anne, editor
Working Days. *Persea*
Short stories about teenagers at work

Ritchie, L. Carol, editor
My First Year in Television. *Walker*
Behind the scenes, in front of the camera

VIETNAM REMEMBERED

Allen, Thomas B.
Offerings at the Wall. *Turner*
Personal remembrances left at the Memorial.

Cao, Lan
Monkey Bridge. *Viking*
Memories of war span the generations

Denenberg, Barry
Voices from Vietnam. *Scholastic*
What it really was like to be there

Marrin, Albert
America in Vietnam. *Viking*
Lessons from war

Myers, Walter Dean
Fallen Angels. Scholastic
Teens who fought in Vietnam

Ninh, Bao
The Sorrow of War. Pantheon
A young soldier's story of love and death

O'Brien, Tim
The Things They Carried. Houghton Mifflin
Young foot soldiers in the madness

Vuong, Lynette Dyer
The Golden Carp and Other Tales from Vietnam. Lothrop, Lee & Shepard
Stories of an ancient land

Wapner, Kenneth
Teenage Refugees from Vietnam Speak Out. Rosen
The living legacy of the conflict

White, Ellen Emerson
The Road Home. Scholastic
Rebecca's haunting memories of war

Never Again: The Holocaust

Bernstein, Sara Tuvel
***The Seamstress.** Putnam's
Holding on to hope by a thread

Bitton-Jackson, Livia
***I Have Lived a Thousand Years.** S&S
Surviving the horrors of Auschwitz

Fink, Ida
***Traces.** Metropolitan Books
Desperate searches for lost lives

Frank, Anne
The Diary of a Young Girl, definitive edition. Doubleday
Her innermost feelings from her hiding place

Gold, Alison Leslie
***Memories of Anne Frank.** Scholastic
Her best friend tells her story

Ippisch, Hanneke
Sky. S&S
Secretly helping Jews leads to prison

Loebl, Suzanne
***At the Mercy of Strangers.** Pacific Press
In hiding as the war spreads across Europe

Matas, Carol
After the War. S&S
15-year-old Ruth survives to start again

Napoli, Donna Jo
***Stones in Water.** Dutton
A friendship tested at Nazi labor camps

Perel, Solomon
***Europa, Europa.** Wiley
Hiding his identity to stay alive

Shevelev, Raphael with Karine Schomer
***Liberating the Ghosts.** LensWork
Pilgrimage to the sites of slaughter

Spiegelman, Art
Maus: A Survivor's Tale, I and II. Pantheon
An artist's look at the death camps

Wilkomirski, Binjamin
Fragments. Schocken
Memories too awful to forget

Wolin, Jeffrey A.
***Written in Memory.** Chronicle
Images and words you won't forget

Women

Ashby, Ruth and Deborah G. Ohrn, editors
Herstory. Viking
120 women who changed the world

Brill, Marlene Targ
***Women for Peace.** Watts
Promoting domestic and global harmony

Carroll, Rebecca
***Sugar in the Raw.** Crown
The voices of black girls in America

Chambers, Veronica
Mama's Girl. Riverhead
Learning to get by on her own

D'Aluisio, Faith and Peter Menzel
Women in the Material World. Sierra Club
Their feelings on family, money, love...

Elders, Dr. Joycelyn and David Chanoff
***Joycelyn Elders, M.D.** Morrow
Former Surgeon General of the USA speaks

Gay, Kathlyn and Martin Gay
***The Importance of Emma Goldman.** Lucent
A champion for human rights

Hayre, Ruth Wright and Alexis Moore
***Tell Them We Are Rising.** Wiley
Promising a future for 116 students

Katz, William Loren
Black Women of the Old West. Atheneum
Pioneers, mail order brides, leaders

Kline, Nancy
***Elizabeth Blackwell.** Conari Press
The USA's first woman physician

Lindop, Laurie
***Champions of Equality.** Twenty-First Century
10 Americans leading the way

Mayo, Edith P., editor
The Smithsonian Book of the First Ladies. Holt
Martha Washington - Hillary Rodham Clinton

McKissack, Patricia C. and Fredrick McKissack
Sojourner Truth: Ain't I a Woman? Scholastic
Fighting for freedom and women's rights

Napoli, Donna Jo
Song of the Magdalene. Scholastic
An outcast meets a miraculous healer

Nilsen, Alleen Pace
***Presenting M.E. Kerr, updated edition.** Twayne
Trailblazing young adult author

Saline, Carol and Sharon J. Wohlmuth
***Mothers & Daughters.** Doubleday
Confessions and pictures tell the story

Waldherr, Kris
The Book of Goddesses. Beyond Words
From A - Z: Athena - Zorya

HOW RUDE!
by Alex J. Packer
Free Spirit, 1997

"The Fourteen Commandments of Toiletiquette

THOU SHALT...
...hang thy towel on the rack
...raise or lower the toilet seat, as the case may be (either way, make sure the seat down and the lid is closed when thou leavest the bathroom)
...willingly give way to those whose need is greater than thine
...rinse out the tub after using it
...remove thy shed hairs from the soap and sink
...clean the mirror after brushing and flossing
...flush when thou art done.

THOU SHALT NOT...
...pee on the toilet seat
...finish a roll of toilet paper without replacing it
...use more than thy fair share of hot water
...appropriate the towels or toilet articles of others without permission
...enter without knocking and being invited in
...comment on the sounds or scents generated by others
...hang thine unmentionables where they will smite others in the face."

* New Title

One World

AFRICA

Anda, Michael O.
Yoruba. Rosen
One of the largest ethnic groups

Dickinson, Peter
AK. Delacorte
A young guerrilla and his gun

Dlovu, Nandi
A Bride for the King. Chelsea House
Young lovers defy tradition

Emecheta, Buchi
The Bride Price. Braziller
An Ibo girl's ill-fated love

Ewens, Graeme
Africa O-Ye! DaCapo
A celebration of African music

Farmer, Nancy
A Girl Named Disaster.
Orchard/Richard Jackson
On a harrowing journey to Zimbabwe

Gatti, Anne, retold by
Tales from the African Plains. Dutton
Lessons to learn from oral tradition

Haskins, Jim and Joann Biondi
From Afar to Zulu. Walker
A dictionary of African cultures

Maraire, J. Nozipo
Zenzele. Crown
A Zimbabwe mother writes to her daughter

Mbugua, Kioi Wa
Inkishu. Jacaranda Designs
Myths and legends of the Maasai

McCord, Margaret
***The Calling of Katie Makanya.** Wiley
Growing up in a changing South Africa

Naidoo, Beverley
***No Turning Back.** HarperCollins
From the brutal streets of Johannesburg

Paton, Alan
Cry, the Beloved Country. Scribner
A Zulu parson in search of his son

Pratt, Paula Bryant
The End of Apartheid in South Africa. Lucent
The birth of democracy

Rochman, Hazel, editor
Somehow Tenderness Survives. Harper
Stories of S. Africans - black and white

Rupert, Janet E.
The African Mask. Clarion
A Yoruba girl's dreams for the future

Schneider, Elizabeth Ann
***Ndebele.** Rosen
A vibrant, colorful culture

Tingay, Paul
***Wildest Africa.** St. Martin's
Mystery and glory captured in photos

Twagilimana, Aimable
***Teenage Refugees from Rwanda Speak Out.** Rosen
A country ravished by terror and violence

Zona, Guy A.
The House of the Heart Is Never Full and Other Proverbs of Africa. Touchstone Bks./S&S
Age old wisdom

THE MIDDLE EAST

Corzine, Phyllis
***The Palestinian-Israeli Accord.** Lucent
Steps toward establishing peace

Harik, Ramsay and Elsa Marston
Women in the Middle East. Watts
Their changing lives and hopes

Kashi, Ed
When the Borders Bleed. Pantheon
The Kurds' struggle for survival

Kherdian, David
The Road from Home. Greenwillow
An Armenian girl's survival of massacre

Kort, Michael G.
Yitzhak Rabin. Millbrook
Israel's soldier statesman

Macdonald, Fiona and Mark Bergin
A Sixteenth Century Mosque. Peter Bedrick
The spread of Islam

Nye, Naomi Shihab
***Habibi.** S&S
An American girl's new home in Jerusalem

Oz, Amos
***Panther in the Basement.** Harcourt Brace
Loyalties conflict as Israel emerges

Rubinstein, Danny
The Mystery of Arafat. Steerforth
Understanding this powerful leader

Schami, Rafik
Damascus Nights. FS&G
Trading tales to break a spell

Staples, Suzanne Fisher
Shabanu. Knopf
Preparing for a desert wedding

Temple, Frances
The Beduins' Gazelle.
Orchard/Richard Jackson
Finding love amid sand storms and feuds

ASIA

Anant, Victor
***India.** Aperture
Photographing 50 years of independence

Arnett, Robert
***India Unveiled.** Atman
All her richness and diversity

Bosse, Malcolm
Deep Dream of the Rain Forest. FS&G
Joining a head hunter's quest in Borneo
The Examination. FS&G
Two brothers facing danger

Buck, Pearl S.
The Good Earth. Day
A family's struggle in old China

Chang, Pang-Mei Natasha
***Bound Feet & Western Dress.** Doubleday
A woman who defied Chinese conventions

Choi, Sook Nyul
Year of Impossible Goodbyes.
Houghton Mifflin
When the Japanese invaded Korea

Cotterell, Arthur
Ancient China. Knopf
History of Imperial China

Jiang, Ji-Li
***Red Scarf Girl.** HarperCollins
A teen during the Cultural Revolution

Kim, Helen
The Long Season of Rain. Holt
Secrets threaten a Korean family

Kipling, Rudyard
Kim. Dell
A beggarboy as a British secret agent

Markandaya, Kamala
Nectar in a Sieve. NAL
Sorrows and joys of an arranged marriage

Mehta, Ved
Vedi. Oxford
The blind author's youth

Mishima, Yukio
The Sound of Waves. Knopf
A story of tender love in a small village

Mori, Kyoko
One Bird. Holt
A Japanese girl, abandoned by her mother

Murphy, Yannick
***The Sea of Trees.** Houghton Mifflin
From prison camp to freedom during WWII

Namioka, Lensey
***Den of the White Fox.**
Harcourt Brace/Brown Deer
Where medieval samurai fight for justice

Nomachi, Kazuyoshi
***Tibet.** Shambhala
Ancient culture in danger of extinction

Oe, Kenzaburo
Nip the Buds, Shoot the Kids. Marion Boyars
Young Japanese delinquents v. society

Oodgeroo
Dreamtime. Lothrop, Lee & Shepard
Aboriginal stories from Australia

Pietrusza, David
***The Chinese Cultural Revolution.** Lucent
A modern history of the People's Republic

Rexroth, Kenneth, editor
One Hundred Poems from the Chinese.
New Directions
Tu Fu, and poetry of the Sung Dynasty

St. Pierre, Stephanie
Teenage Refugees from Cambodia Speak Out.
Rosen
Leaving war and poverty behind

Salzman, Mark
Iron & Silk. Random House
Teaching English, learning Kung Fu

Selvadurai, Shyam
Funny Boy. Morrow
Coming of age in war-torn Sri Lanka

Sleator, William
Dangerous Wishes. *Dutton*
Supernatural events in Thailand

Staples, Suzanne Fisher
Haveli. *Knopf*
Shabanu, unhappy in love

Sun-Childers, Jaia and Douglas Childers
The White-Haired Girl. *Picador USA*
Surviving China's Cultural Revolution

Tsukiyama, Gail
The Samurai's Garden. *St. Martin's*
Love blooms on the eve of WWII

Yoshimura, Akira
Shipwrecks. *Harcourt Brace*
Tragic tale of medieval Japan

EUROPE

Adelman, Deborah
"Children of Perestroika" Come of Age.
M.E. Sharpe
Talking with Moscow youth

Berry, Liz
The China Garden. *FS&G*
Romance and mystery on an English estate

Bland, Celia
The Mechanical Age. *Facts on File*
The Industrial Revolution in England

Brown, James William
Blood Dance. *HBJ*
Love on a Greek Island

Casey, Maude
Over the Water. *Holt*
Mary, always the outsider

Cervantes, Miguel de
...Don Quixote de la Mancha; adapted by Leighton Barret. *Knopf*
A dreamer of impossible dreams

Cushman, Karen
The Midwife's Apprentice. *Clarion*
Finding her place in the medieval world

Doherty, Berlie
*Daughter of the Sea. *DK Ink*
Love and terror on a remote island

Ferris, Jean
Signs of Life. *FS&G*
Emotions explored in ancient French caves

Friedman, Carl
The Shovel and the Loom. *Persea*
Chaya confronting anti-Semitism

Garden, Nancy
Dove and Sword. *FS&G*
In France with Joan of Arc

Gravett, Christopher
The World of the Medieval Knight.
Peter Bedrick
How they lived, how they fought

Greenfeld, Howard
Marc Chagall. *Abrams*
The creative poet-painter

Guzzetti, Paula
A Family Called Bronte. *Dillon*
The famous romantic authors

Hautzig, Esther
The Endless Steppe. *Crowell*
Growing up in Siberia

Heyes, Eileen
Adolf Hitler. *Millbrook*
The dictator who transformed Germany

Kort, Michael G.
*The Handbook of the Former Soviet Union.
Millbrook
Now 15 independent states

Lutzeier, Elizabeth
The Coldest Winter. *Holiday House*
When the Irish were starving

Matas, Carol
Sworn Enemies. *Bantam*
Forced into the Czar's army

Miller, Calvin Craig
Boris Yeltsin. *Morgan Reynolds*
First President of Russia

Mooney, Bel
*The Voices of Silence. *Delacorte*
Flora, 13, as Romania readies for war

Mullins, Gerry
Dorothea Lange's Ireland. *Elliott & Clark*
Its heart and soul captured in photos

Nardo, Don
The Age of Pericles. *Lucent*
When ancient Athens was supreme

Orczy, Emmuska
The Scarlet Pimpernel. *Macmillan*
Rescuing nobility from the Terrorists

Otfinoski, Steven
Poland. *Facts on File*
A nation in transition
Triumph and Terror. *Facts On File*
The French Revolution

Ray, Karen
To Cross a Line. *Orchard*
Egon, 17, escaping the Nazis

Solzhenitsyn, Alexander
One Day in the Life of Ivan Denisovich. *Bantam*
In a Russian slave labor camp

Symynkywicz, Jeffrey
Václav Havel and the Velvet Revolution. *Dillon*
Leading the Czech Republic to democracy

Tekavec, Valerie
Teenage Refugees from Bosnia-Herzegovina Speak Out. *Rosen*
Young victims of ethnic cleansing

Warner, Elizabeth
Heroes, Monsters and Other Worlds from Russian Mythology. *Peter Bedrick*
A vast country's rich folklore

Wein, Elizabeth E.
The Winter Prince. *Atheneum*
King Arthur's troubled older son

NATIVE AMERICANS

Ashabranner, Brent
A Strange and Distant Shore. *Cobblehill*
The cruel exile of the Plains Indians

Begay, Shonto
Navajo. *Scholastic*
Paintings, prose and poetry

Brooks, Martha
*Bone Dance. *Orchard*
Two teens drawn together by spirits

Bruchac, Joseph
*Lasting Echoes.
Silver Whistle/Harcourt Brace
Histories of seven generations

Durrant, Lynda
Echohawk. *Clarion*
A white boy adopted by the Mohicans

Ellison, Suzanne Pierson
*The Last Warrior. *Rising Moon*
A young Apache brave proving his manhood

Freedman, Russell
The Life and Death of Crazy Horse.
Holiday House
A warrior of courage and passion

Garland, Sherry
Indio. *Gulliver Bks./Harcourt Brace*
Captured by Spanish raiders

FACE FORWARD: YOUNG AFRICAN AMERICAN MEN IN A CRITICAL AGE
by Julian C.R. Okwu
Chronicle Books, 1997

"I look at the statistics on black youth almost daily. Some of us have the idea that racism doesn't exist or that we have no control over it. But the more I talk to young people, the more I see a glimmer of hope. If you don't believe there is a chance in hell that people can overcome their oppressors, then there is no way in the world you can talk to young people. Unfortunately, the oppression takes many forms. I hear kids say, 'Yeah, I had to slap her.' Or, even more incredible are the girls who say, 'He hit me because he thought that I was seeing someone else. He loves me.' That's amazing to me. My first response is, 'Are you crazy? Are you losing your mind?'"

* New Title

RED SCARF GIRL
by Ji-Li Jiang
HarperCollins, 1997

"No one was talking to anyone anymore. When neighbors ran into each other, they did not stop to chat but just nodded and hurried on. Everyone felt vulnerable, and no one wanted to say anything that would cause trouble. We children were warned to stay close to home and come back at once if a search occurred. Only some of the few working-class people in the alley still seemed excited when they heard the drums and gongs.

In other years summer vacation had been a happy time. In the daytime we went to the pool or to the movies or to the park to turn somersaults and roll on the grass. Evenings we sat in the alley and listened to stories. We would watch the moon and sing and giggle until very late.

Now things were different. An Yi had been sent away to spend the summer with her grandparents in Shandong, away from Shanghai's turbulence. I missed her terribly. I saw hardly any kids in the neighborhood. No one came out to play. There seemed to be no laughter in the alley - just a growing, choking tension."

Golston, Sydele
Changing Woman of the Apache. Watts
From girl to woman in a four day ritual

Hirschfelder, Arlene B. and Beverly R. Singer, selectors
Rising Voices. Scribner
Writings of young Native Americans

Immell, Myra H. and William H. Immell
***The Importance of Tecumseh.** Lucent
The chief who tried to unite the tribes

Katz, Jane, editor
We Rode the Wind. Runestone
Recollections of an earlier way of life

Katz, William Loren
Black Indians. Atheneum
A hidden heritage

Keehn, Sally M.
***Moon of Two Dark Horses.** Philomel
Can friendship survive war?

Marra, Ben
Powwow. Abrams
Affirming tradition through dance

Martin, Nora
***The Eagle's Shadow.** Scholastic
Clearie discovers her Tlingit heritage

Nielsen, Nancy J.
***Reformers and Activists.** Facts on File
Fighting for justice

Philip, Neil, editor
***In a Sacred Manner I Live.** Clarion
Looking at life with wisdom

Rappaport, Doreen
***The Flight of Red Bird.** Dial
Torn between two cultures

Time-Life Editors
The Woman's Way. Time-Life
Mothers, healers, leaders

THE AMERICAS

Bridal, Tessa
***The Tree of Red Stars.** Milkweed
Love under seige in revolutionary Uruguay

Castaneda, Omar S.
Imagining Isabel. Lodestar
16, lured from her Mayan village

Cerar, K. Melissa
Teenage Refugees from Nicaragua Speak Out. Rosen
Frightening tales of survival

Dorfman, Ariel
Last Waltz in Santiago. Viking Penguin
Poems about exile and the disappeared

Hodge, Merle
For the Life of Laetitia. FS&G
Facing school in the Caribbean

Jenkins, Lyll Becerra de
So Loud a Silence. Lodestar
Juan, living in fear in Colombia

Johnson, Sylvia A.
***Tomatoes, Potatoes, Corn, and Beans.** Atheneum
American plants that changed the world

Marrin, Albert
***Empires Lost and Won.** Atheneum
The Spanish heritage in the Southwest

Meyer, Carolyn
In a Different Light. McElderry
Eskimo village life in Alaska

Paulsen, Gary
The Crossing. Orchard
Manuel, in flight from Mexico to Texas

Slaughter, Charles H.
The Dirty War. Walker
Atre, facing Argentinian terror

Talbert, Marc
Heart of a Jaguar. S&S
A Mayan sacrifice to bring rain

Temple, Frances
Tonight, by Sea. Orchard
Pauli, leaving Haiti in secret

Wiseman, Eva
A Place Not Home. Stoddart Kids
Escaping from Hungary to Canada

Wood, Tim
***The Incas.** Viking
Rulers of a spectacular empire

LATINOS

Agueros, Jack
Dominoes and Other Stories from the Puerto Rican. Curbstone
The vibrant NY life

Aliotta, Jerome J.
The Puerto Ricans. Chelsea House
Their history and culture

Byers, Ann
Jaime Escalante. Enslow
Teaching inner city students to succeed

Carlson, Lori Marie, editor
Barrio Streets Carnival Dreams. Holt
Authors and artists celebrate their culture

Cockcroft, James D.
Latinos in the Struggle for Equal Education. Watts
Fighting for the opportunity to learn

DeJesus, Joy L., editor
***Growing up Puerto Rican.** Morrow
Tackling issues of loyalty and identity

Díaz, Junot
Drown. Riverhead
Stories of Dominican youth

Dolan, Sean
Gabriel García Márquez. Chelsea House
The world famous Colombian author

Goodnough, David
Jose Marti. Enslow
Cuban patriot and poet

Hoobler, Dorothy and Thomas Hoobler
The Cuban American Family Album. Oxford Univ. Pr.
A new home with the promise of freedom

Kamp, Jim and Diane Telgen, editors
Latinas! Visible Ink
Women of achievement from many fields

Lankford, Mary
Quinceañera. Millbrook
Rite of passage, from girl to woman

Martinez, Victor
Parrot in the Oven. HarperCollins/Joanna Cotler
Manny's family, friends and foes in Fresno

Mohr, Nicholasa
In Nueva York. Dial
Human stories on the Lower East Side

Ortiz Cofer, Judith
An Island Like You. Orchard
Stories of teens in a New Jersey barrio

Santiago, Roberto, editor
Boricuas. Ballantine
Puerto Rican writings

Soto, Gary
***Buried Onions.** Harcourt Brace
Defying the violence of his Chicano hood

Thomas, Piri
Down These Mean Streets. Knopf
Growing up in El Barrio

U.S.A.
COMING TO AMERICA

Avi
Beyond the Western Sea: Book One. Orchard/Richard Jackson
Determined to escape famine and injustice

Bandon, Alexandra
West Indian Americans. New Discovery
From the islands to a new culture

Bernardo, Anilú
Jumping off to Freedom. *Piñata*
A dangerous voyage from Cuba

Buss, Fran Leeper
Journey of the Sparrows. *Lodestar*
A terrifying trip North from El Salvador

Cozic, Charles P., editor
***Illegal Immigration.** *Greenhaven*
Are they victims or are we?

De Tran, Andrew Lam and Hai Dai Nguyen, editors
Once upon a Dream. *Andrews & McMeel*
The Vietnamese-American experience

di Franco, J. Philip
The Italian Americans. *Chelsea House*
Their contributions to U.S. life

Divakaruni, Chitra Banerjee
Arranged Marriage. *Anchor*
Coming from India to wed

Fischkin, Barbara
***Muddy Cup.** *Scribner*
A Dominican family's struggles in NYC

Hoobler, Dorothy and Thomas Hoobler
The German American Family Album. *Oxford Univ. Pr.*
Bringing with them a rich culture
The Japanese American Family Album. *Oxford Univ. Pr.*
Picture brides, internment, starting over

Kim, Patti
***A Cab Called Reliable.** *Wyatt/St. Martin's*
Left by her mother, Ahn Joo turns to writing

Takaki, Ronald
From Exiles to Immigrants. *Chelsea House*
Vietnamese, Laotians, Cambodians

Yep, Laurence, editor
American Dragons. *HarperCollins*
25 Asian American voices

U.S.A. BLACK AMERICA

Banks, William H., Jr.
***The Black Muslims.** *Chelsea House*
A history of the Nation of Islam

Cooper, Michael L.
***Hell Fighters.** *Lodestar*
Black soldiers in WWI

Dinwiddie-Boyd, Elza, compiler
In our own Words. *Avon*
Wisdom and pride to enrich your life

Dudley, William, editor
***African Americans.** *Greenhaven*
Defining their role in society

Feelings, Tom
The Middle Passage. *Dial*
The slave trade: white ships, black cargo

Gorrell, Gena K.
***North Star to Freedom.** *Delacorte*
The story of the Underground Railroad

Gottfried, Ted
***James Baldwin: Voice from Harlem.** *Watts*
One of our greatest writers

Grossman, James R.
***A Chance to Make Good.** *Oxford Univ. Pr.*
1900 to 1929: a time of pain and hope

Haskins, James
***Bayard Rustin.** *Hyperion*
A key player in the civil rights movement

Haskins, Jim
The Harlem Renaissance. *Millbrook*
A celebration of ideas and creativity
***Power to the People.** *S&S*
Rise and fall of the Black Panther Party

Hoobler, Dorothy and Thomas Hoobler
***The African American Family Album.** *Oxford Univ. Pr.*
Views of past struggles and triumphs

Jaycox, Faith, compiler
***Ebony Angels.** *Crown*
Spiritual themes in poetry and prose

Katz, William Loren
The Black West., 3rd. ed. *Open Hand*
African-Americans on the frontier

King, Martin Luther, Jr.
***I Have a Dream.** *Scholastic*
Illustrated edition of the famous speech

Landrum, Gene N.
***Profiles of Black Success.** *Prometheus Books*
Creative geniuses who changed the world

Lukes, Bonnie
***The Dred Scott Decision.** *Lucent*
The court case that defined slavery

McKissack, Patricia C. and Fredrick McKissack
Rebels against Slavery. *Scholastic*
Fighting for freedom

Medearis, Angela Shelf and Michael R. Medearis
***Cooking.** *Twenty-First Century*
African influences on our food

Meltzer, Milton
***Langston Hughes.** *Millbrook*
The soul of his people captured in poetry

Myers, Walter Dean
One More River to Cross. *Harcourt Brace*
An African-American photograph album

Okwu, Julian C.R.
***Face Forward.** *Chronicle*
Young men defying the stereotype

Rasmussen, R. Kent
***Farewell to Jim Crow.** *Facts on File*
The rise and fall of segregation

Rinaldi, Ann
Hang a Thousand Trees with Ribbons. *Gulliver Bks./Harcourt Brace*
A story of Phillis Wheatley

Schulke, Flip
He Had a Dream. *Norton*
Photographing the civil rights movement

Silverman, Jerry
Just Listen to this Song I'm Singing. *Millbrook*
Reflecting history in music

Tate, Sonsyrea
***Little X.** *HarperSanFrancisco*
Whose teen years were dominated by Islam

Woodson, Jacqueline, editor
A Way Out of No Way. *Holt*
Great writers offer words to learn from

U.S.A. OUR HERITAGE

Bartoletti, Susan C.
Growing Up in Coal Country. *Houghton Mifflin*
Hardship and sacrifice, hopes and dreams

Blumberg, Rhoda
Full Steam Ahead. *National Geographic*
Building the Transcontinental Railroad

Colman, Penny
Toilets, Bathtubs, Sinks, and Sewers. *Atheneum*
Bathrooms through the ages

Dudley, William, editor
The Creation of the Constitution. *Greenhaven*
Writing the law of the land

Duncan, Dayton
The West. *Little, Brown*
Claiming an extraordinary landscape

Feinberg, Barbara Silberdick
***Next in Line.** *Watts*
The role of the Vice President

BONE DANCE
by Martha Brooks
Orchard Books, 1997

"He had been dreaming of his mother. She had appeared to him as a vision in a shiny white dress decorated with beads the color of the sunrise and long, soft feathery fringe. She had never worn such a dress when she was alive. She came and sat on his bed, crossed her legs, thoughtfully jigged one foot up and down. 'Lonny, my babe,' she said at last in a sad and disappointed voice, 'how come you did that? It's a sacred place.'

He wanted her to tell him that she loved him, to turn and to cling to her, to keep her close inside his heart. But she just put her hands on her knees and shook her head. 'You were supposed to take care of it, not dig it up. Why couldn't you leave those poor souls in peace?' And then she got up and left through his bedroom door.

Robert Lang was the only person who shared his guilty secret. And it had all started so innocently."

* New Title

Hoobler, Dorothy and Thomas Hoobler
The Jewish American Family Album.
Oxford Univ. Pr.
People from many lands share one culture

Ito, Tom
***The California Gold Rush.** Lucent
Dreams of striking it rich

Kronenwetter, Michael
Political Parties of the United States. Enslow
Joining forces to affect government

Marrin, Albert
Struggle for a Continent. Atheneum
The cruel French and Indian Wars

Meltzer, Milton
***Tom Paine: Voice of Revolution.** Watts
His words shaped history

Murphy, Jim
The Great Fire. Scholastic
When Chicago burned

O'Dell, Scott
The Serpent Never Sleeps. Houghton Mifflin
A novel of Jamestown and Pocahontas

Wormser, Richard
American Childhoods. Walker
Growing up is always hard to do

U.S.A. The New Nation

Avi
Night Journeys. Morrow
Trailing runaway indentured servants

Blumberg, Rhoda
The Incredible Journey of Lewis & Clark. Lothrop
Who mapped the new world

Bober, Natalie S.
Abigail Adams. Atheneum
Wife of one president, mother of another

Bosco, Peter I.
The War of 1812. Millbrook
The new republic at war

Bowen, Catherine Drinker
Miracle at Philadelphia. Little
1787 convention as seen by the delegates

Clemens, Samuel L.
The Adventures of Huckleberry Finn. Dodd, Mead
Two runaways on the Mississippi

Fast, Howard
April Morning. Bantam
A boy at the Battle of Lexington

Fritz, Jean
Traitor. Putnam's
The case of Benedict Arnold

Hansen, Joyce
The Captive. Scholastic
Kafi - Ashanti royalty, now a slave

Jacobs, Paul Samuel
***James Printer.** Scholastic
Tension builds between settlers and tribes

Judson, Karen
***Andrew Jackson.** Enslow
The people's choice to defend their liberty

Lasky, Kathryn
A Journey to the New World. Scholastic
Diary kept on the Mayflower and after

Mack, Stan
Stan Mack's Real Life American Revolution. Avon
History in witty cartoons

Miller, Douglas T.
***Thomas Jefferson and the Creation of America.** Facts on File
Author of the Declaration of Independence

Murphy, Jim
A Young Patriot. Clarion
A 15-year-old soldier in the Revolution

Rinaldi, Ann
The Secret of Sarah Revere.
Gulliver Bks./ Harcourt Brace
The struggles of a patriot's daughter

U.S.A. The Civil War and After

Archer, Jules
A House Divided. Scholastic
The lives of U.S. Grant and R.E. Lee

Armstrong, Jennifer
***Mary Mehan Awake.** Knopf
Overcoming the brutal memories of war

Douglass, Frederick
Narrative of the Life of Frederick Douglass, an American Slave. Harvard
As slave and abolitionist

Ernst, Kathleen
***The Night Riders of Harpers Ferry.** White Mane
A young Union soldier faces defeat

Fleischman, Paul
Bull Run. HarperCollins/Laura Geringer
The glory, the horror, the disillusionment

Hakim, Joy
War, Terrible War. Oxford Univ. Pr.
The horrors on both sides

Hansen, Joyce
Between Two Fires. Watts
Black soldiers in the Civil War

Hardman, Ric Lynden
***Sunshine Rider.** Delacorte
Western adventure with a counting cattalo

Lasky, Kathryn
***True North.** Blue Sky Press
How slavery touches two girls' lives

Lester, Julius
Long Journey Home. Dial
Stories of slaves and ex-slaves

Pflueger, Lynda
***Stonewall Jackson.** Enslow
The hero of the Battle of Bull Run

Polacco, Patricia
Pink and Say. Philomel
The bravery of two young soldiers

Reeder, Carolyn
***Across the Lines.** Atheneum
Two boys struggle to understand the war

Rees, Douglas
***Lightning Time.** DK Ink
Fighting slavery along side John Brown

Sprague, Stuart Seely, editor
His Promised Land. Norton
From slavery to the Underground Railroad

Washington, Booker T.
Up from Slavery. Doubleday
Autobiography of the Negro educator

Wisler, G. Clifton
***The Drummer Boy of Vicksburg.** Lodestar
Learning the realities of battle

U.S.A. The 20th Century

Armor, John and Peter Wright
Manzanar. Times
Where Japanese Americans were interned

Carter, Jimmy
Talking Peace, rev. ed. Dutton
Conflict and human rights

Cheney, Glenn
They Never Knew. Watts
The victims of nuclear testing

Coil, Suzanne M.
Campaign Financing. Millbrook
Politics and the power of money

Jacobs, William J.
Search for Peace. Scribner
The United Nations and world survival

Kasher, Steven
***The Civil Rights Movement.** Abbeville
Images of brave battles, visions of hope

Lindop, Edmund
The Changing Supreme Court. Watts
New justices interpreting the law

Malcolm X and Alex Haley
The Autobiography of Malcolm X. Ballantine
The Black leader's testament

Sherrow, Victoria
***Hardship and Hope.** Twenty-First Century
What life was like during the Depression

New York, NY

Alicea, Gil C. with Carmine DeSena
The Air Down Here. Chronicle
A South Bronx 9th grader's year

Finney, Jack
Time and Again. S&S
A fantasy of New York City in 1882

Fisher, Leonard Everett
***The Jetty Chronicles.** Marshall Cavendish
Danger and dreams in Brooklyn in the '30s

Katz, William Loren
***Black Legacy.** Atheneum
History of the City's African Americans

Mackay, Donald A.
The Building of Manhattan. Harper
From village to metropolis

Miller, Terry
Greenwich Village and How It Got That Way. Crown
The place where trends begin

Myers, Walter Dean
***Harlem.** Scholastic
From Abyssian Baptist to the Apollo

Peck, Richard
Voices after Midnight. Delacorte
Traveling through time back to 1888

Pool, Daniel
***Christmas in New York.** Seven Stories Press
Celebrations that light up the town

Rosen, Isaac
Manny. Baskerville
Midtown streets are full of surprises

Sklar, Morty and Joseph Barbato, editors
***Patchwork of Dreams.**
The Spirit Moves Us Pr.
Multicultural voices from Queens

Tauranac, John
The Empire State Building. Scribner
The making of a landmark

Toth, Jennifer
The Mole People. Chicago Review Pr.
Life in the tunnels beneath NYC

Womack, Jack
Random Acts of Senseless Violence. Atlantic Monthly
From private school to gang life

Action & Adventure

Wheels and Wings

Bringhurst, John
Planes, Jets, & Helicopters. *Tab Books*
Great paper airplanes

Buck, Rinker
Flight of Passage. *Hyperion*
Too young to drive, but flying coast to coast

Cuthbertson, Tom
Cuthbertson's All-in-One Bike Repair Manual.
Ten Speed
How to fix that problem

Freedman, Russell
The Wright Brothers. *Holiday House*
How they invented the airplane

Giblin, James Cross
Charles A. Lindbergh. *Clarion*
Pilot and American hero

Levi, Steven C.
Cowboys of the Sky. *Walker*
Alaska's bush pilots

Lopez, Donald S.
Aviation. *Macmillan*
From balloons to jets

McKissack, Patricia and Fredrick McKissack
Red-Tail Angels. *Walker*
African American airmen of WWII

Miles, John C., editor
The Ultimate Book of Cross-Sections. *DK*
See inside everything from cars to trains

Walker, Ormiston H.
Experimenting with Air and Flight. *Watts*
Simple projects you can do

Willson, Quentin
Classic American Cars. *DK*
Dream machines of the past

Willson, Quentin with David Selby
The Ultimate Classic Car Book. *DK*
From Beetles to Ferraris

Wilson, Hugo
The Encyclopedia of the Motorcycle. *DK*
Magnificent machines

Crafts, Hobbies and Games

Ames, Lee J.
Draw 50 Athletes. *Doubleday*
In every major sport

Finnigan, Dave
The Complete Juggler. *Vintage*
Step-by-step instruction

Friedhoffer, Bob
Magic and Perception. *Watts*
Fooling the senses

Huckle, Helen
The Secret Code Book. *Dial*
Ancient and modern ciphers

Lee, Stan and John Buscema
How to Draw Comics the Marvel Way. *S&S*
Using The Hulk and The Thing as examples

N.E. Thing Enterprises
Magic Eye: a New Bag of Tricks.
Andrews & McMeel
Mindbending creations

Magic Eye: The 3D Guide. *Andrews & McMeel*
Training your eyes to see

Owens, Thomas S.
Collecting Baseball Memorabilia. *Millbrook*
A guide for fans

Pejcic, Bogdan and Rolf Meyer
Pocket Billiards. *Sterling*
Playing pool

Prosek, James
Joe and Me. *Rob Weisbach Books*
Fishing and friendship

Reid, Lori
The Art of Hand Reading. *DK*
What your hands reveal

Robbins, Trina
The Great Women Super Heroes.
Kitchen Sink
Female comics stars

Robertie, Bill
Beginning Chess Play. *Cardoza*
Learning the complex game

Shushan, Ronnie, editor
Games Magazine Big Book of Games. *Workman*
Wordplay, puzzles, quizzes

Smith, Ray
An Introduction to Acrylics. *DK*
Easy to follow lessons for beginners

Whyld, Ken
Learn Chess in a Weekend. *Knopf*
Tactics and strategy

HARNESSING ANGER
by Peter Westbrook with Tej Hazarika
Seven Stories Press, 1997

"Fencing has trained me to defeat my opponent. I use all my power and anger and everything else I have against him. All my life I have practiced unleashing my power against my enemy. The concentrated fury that one learns to unleash is not something that can be easily turned on and off. After winning my Olympic medal, I realized that I was still a very angry individual, a real-life raging bull. When you're in training for a top competition like the Olympics, anger can sometimes be helpful. It can give you a kind of fuel to help you achieve your goal. But once the competition is over, you don't need it any more. In fact, it can start to wear you down.

After the '84 Olympics, I still felt an incredible rage in me, like I was ready to erupt. I'd been running after the Olympic dream for so many years that I didn't know what to do with myself once I achieved it. I assumed the medal would erase all my problems and bring me instant happiness, peace, and joy. Needless to say, it didn't. That left me angry and frustrated. I realized something was very wrong, and I knew that with my anger raging out of control, I'd never be able to figure out what it was."

* New Title

Sports

Brittenham, Greg
Complete Conditioning for Basketball. *Human Kinetics*
Exercises to improve speed and agility

Burleigh, Robert
Hoops. *Silver Whistle/Harcourt Brace*
Turn the pages. Feel the action.

Corbett, Sara
Venus to the Hoop *Doubleday*
Strong, beautiful Olympic stars.

Counsilman, James E.
The Complete Book of Swimming. *Atheneum*
Instruction by the famous coach

Curran, William
Strikeout. *Crown*
The art of pitching

Dixon, Ramon "Tru" and David Aromatorio
How Far Do You Wanna Go? *New Horizon*
Inner city baseball champs

Douglas, Paul
The Handbook of Tennis. *Knopf*
Strokes, styles, rules

Fleischer, Nat and Sam Andre
A Pictorial History of Boxing. *Citadel*
From the earliest times to the present

Fried-Cassorla, Albert
In-Line Skating. *Prima*
Tips, tricks and insider moves

Gilbert, Thomas
Baseball at War. *Watts*
No more color barriers

Glenn, Mel
Jump Ball. *Lodestar*
A basketball team; their season in poems

Greenberg, Judith E.
Getting into the Game. *Watts*
New sports opportunities for girls

Huet, John
Soul of the Game. *Melcher Media/Workman*
Images and voices of street basketball

Joravsky, Ben
Hoop Dreams. *Turner*
Hardships and triumphs of two Chicago teens

Legends of Hockey. *Opus Books*
On the ice from 1893 to 1996

Macy, Sue
Winning Ways. *Holt*
Photo history of American sportswomen

McKissack, Patricia and Fredrick McKissack, Jr.
Black Diamond. *Scholastic*
The story of the Negro Baseball Leagues

Miller, Faye Young and Wayne Coffey
Winning Basketball for Girls., new ed. *Facts On File*
Strategies and techniques

Mysnyk, Mark, Barry Davis and Brooks Simpson
Winning Wrestling Moves. *Human Kinetics*
From hammerlocks to full nelsons

Queen, J. Allen
Complete Karate. *Sterling*
Stances, punches, blocks, kicks, counters

Rafkin, Louise
The Tiger's Eye, The Bird's Fist. *Little, Brown*
About the martial arts

Rosen, Mel and Karen Rosen
Sports Illustrated Track: Championship Running. *Sports Illustrated Books*
Tips for developing your running speed

Ryan, Joan
Little Girls in Pretty Boxes. *Doubleday*
Rise and fall of gymnasts, figure skaters

St. Martin, Ted
The Art of Shooting Baskets. *Contemporary*
Nothing but net

Smith, Beverley
A Year in Figure Skating. *McClelland & Stewart*
Behind the scenes with the champions

Sprague, Ken and Joe Jares
The Athlete's Body. *Tarcher*
How it works and how to protect it

Stewart, Peter
Way to Play Soccer. *Prima*
Skills and techniques

Vancil, Mark, editor
The NBA at 50. *Park Lane Press*
Happy birthday basketball

VanDerveer, Tara
Shooting from the Outside *Avon*
Triumph of the U.S. Woman's Olympic coach

Whitehead, Nick
Learn Weight Training in a Weekend. *Knopf*
Building muscles, looking good

Athletes

Bernotas, Bob
Nothing to Prove. *Kodansha*
Pitching with one arm - Jim Abbott

Boitano, Brian
Boitano's Edge. *S&S*
Inside the real world of figure skating

Campbell, Jim
Joe Louis. *Lucent*
Boxing champ, black role model

Epstein, Edward Z.
Born to Skate. *Ballantine*
Michelle Kwan, teen sensation

Galindo, Rudy with Eric Marcus
Icebreaker *Pocket*
Gay, Mexican-American skating champ

Gordeeva, Ekaterina
My Sergei. *Warner*
Olympic iceskaters' tragic love story

Greenspan, Bud
Frozen in Time. *General Publishing Group*
Stars of the Winter Olympics

Heller, Bill
Playing Tall. *Bonus Books*
10 shortest players in NBA history

Hunt, Donald
Great Names in Black College Sports. *Masters Press*
Success beyond the playing fields

Joyner-Kersee, Jackie
A Kind of Grace. *Warner*
World's greatest female athlete

Klein, Jeff and Karl-Eric Reif
The Coolest Guys on Ice. *Turner*
32 of hockey's greatest superstars

Kleinbaum, Nancy H.
The Magnificent Seven. *Bantam*
Teenage gymnasts winning Olympic gold

Krull, Kathleen
Lives of the Athletes. *Harcourt Brace*
Thrills and spills of 20 sports greats

Lipsyte, Robert and Peter Levine
Idols of the Game. *Turner*
Joe Lewis, Babe Ruth, Billie Jean King...

Louganis, Greg with Eric Marcus
Breaking the Surface. *Random House*
Olympic diving champion tells all

Miller, Reggie with Gene Wojciechowski
I Love Being the Enemy. *S&S*
NBA's best shooter and sharpest tongue

Moceanu, Dominique
Dominique Moceanu. *Bantam*
Today's hottest young gymnast

Rappoport, Ken
Guts and Glory. *Walker*
10 who made it in the NBA

Schulman, Arlene
The Prizefighters. *Lyons & Burford*
From the contenders to the champs

Strege, John
Tiger *Broadway*
Golf's first black star

Strug, Kerri with John P. Lopez
Landing on my Feet. *Andrews & McMeel*
Gold medal gymnast

Sullivan, George
Glovemen. *Atheneum*
Baseball's greatest fielders

Westbrook, Peter
Harnessing Anger *Seven Stories Press*
American fencer par excellence

Wiener, Paul
Patrick Ewing. *Chelsea House*
Basketball star, legendary winner

Wilker, Josh
The Harlem Globetrotters. *Chelsea House*
Outstanding basketball and on-court humor

Sports and Adventure Stories

Bennett, James
The Squared Circle. *Scholastic*
Basketball player or college student?

Carter, Alden R.
Bull Catcher. *Scholastic*
Living for baseball

Cochran, Thomas
Roughnecks. *Gulliver Bks./Harcourt Brace*
Waiting for the big final football game

Deuker, Carl
Painting the Black. *Houghton Mifflin*
A baseball star's mistake

Dygard, Thomas J.
Running Wild. *Morrow Junior Books*
Pete, leaving the gang for football

Durbin, William
***The Broken Blade.** *Delacorte*
Earning his way in treacherous streams

Gee, Maurice
***The Fat Man.** *S&S*
An evil, vengeful thief

Gutman, Dan
***Honus & Me.** *Avon*
A baseball card adventure

Henderson, Aileen Kilgore
***The Monkey Thief.** *Milkweed*
Steve's Costa Rican adventures

Hobbs, Will
***Ghost Canoe.** *Morrow Junior Books*
Stopping a killer looking for treasure
***River Thunder.** *Delacorte*
Riding the rapids

Hughes, Dean
End of the Race. *Atheneum*
400-meter teammates, possible friends

Levy, Marilyn
Run for your Life. *Houghton Mifflin*
Girls gaining strength through track

Lipsyte, Robert
The Contender. *Harper*
Using boxing to escape the ghetto

Maynard, Meredy
***Blue True Dream of Sky.** *Polestar*
Love and rebellion in the rainforest

Myers, Walter Dean
Slam! *Scholastic*
Trouble keeping up his grades to play ball

Rubinstein, Gillian
Galax-Arena. *S&S*
Forced to perform death defying acts

Turner, Megan Whalen
The Thief. *Greenwillow*
Attempting to steal a precious stone

Wallace, Rich
***Shots on Goal.** *Knopf*
Trying to win the soccer game and the girl
Wrestling Sturbridge. *Knopf*
Last chance to be state champ

Weaver, Will
Farm Team. *HarperCollins*
Come one, come all to play baseball

Yee, Paul
***Breakaway.** *Groundwood*
Can soccer be Kwok's key to success?

True Adventure

Aebi, Tania and Bernadette Brennan
Maiden Voyage. *S&S*
18-year-old Tania sails the world alone

Junger, Sebastian
***The Perfect Storm.** *Norton*
When men risk their lives to fish

Kennedy, Geraldine, editor
From the Center of the Earth. *Clover Park*
Bittersweet memories of Peace Corps life

Krakauer, Jon
Into the Wild. *Villard*
Dying alone in Alaska
*** Into Thin Air.** *Villard*
Disaster and death on Mt. Everest

McManners, Hugh
The Complete Wilderness Training Book. *DK*
Survival skills for outdoor adventures

Scott, Doug
Himalayan Climber. *Sierra Club*
A career on the face of mountains

Seaborg, Eric and Ellen Dudley
Hiking and Backpacking. *Human Kinetics*
Where to go, what to take

Severin, Tim
The China Voyage. *Addison Wesley*
Across the Pacific by bamboo raft

VENUS TO THE HOOP
by Sara Corbett
Doubleday, 1997

"The less she thinks, the better her game tends to be. Thus she begins each night just shooting the ball to clear her mind. Like most basketball players, each time she steps onto the court she must take a few minutes to relearn the weight of the ball, recalibrating the relationship of hoop to ground, ground to body, body to ball. For Sheryl Swoopes, shooting to warm up has become ritual, a gradual draining of the mind that each evening as daylight fades over Lubbock takes her out of one world and deposits her unshakably into another.

She starts close to the basket, moving through her arsenal of inside shots, a quick turnaround jumper, the same with her left hand, then a soft hook from inside the foul line. Slowly her shots grow longer, her body edging farther from the hoop, the ball suspended in the air for another heartbeat. She is six feet even and solid, with her dark hair cut short in such a way that it puffs gently over her forehead. Her legs are planed with muscle, her arms, extending as she puts up a shot, drift together like beams on a cathedral."

* New Title

Directory of Branch Libraries

Manhattan

Aguilar
174 East 110th St.

Bloomingdale
150 West 100th St.

Terence Cardinal Cooke-Cathedral
560 Lexington Ave.

Central Children's Room
20 West 53rd St.

Chatham Square
33 East Broadway

Columbia
514 West 113th

Columbus
742 Tenth Ave.

Countee Cullen
104 West 136th St.

Donnell Library Center
20 West 53rd St.

Epiphany
228 East 23rd St.

Fifty-Eighth Street
127 East 58th St.

Fort Washington
535 West 179th St.

George Bruce
518 West 125th St.

Hamilton Fish Park
415 East Houston St.

Hamilton Grange
503 West 145th St.

Harlem
9 West 124th St.

Hudson Park
66 Leroy St.

Inwood
4790 Broadway

Jefferson Market
424 Ave. of the Americas

Kips Bay
446 Third Ave.

Andrew Heiskell Library for the Blind and Physically Handicapped
40 West 20th St.

Library for the Performing Arts
40 Lincoln Center Plaza

Macomb's Bridge
2650 Adam Clayton Powell, Jr. Blvd.

Mid-Manhattan
455 Fifth Ave.

Muhlenberg
209 West 23rd St.

Nathan Straus Young Adult Center
20 West 53rd St.

New Amsterdam
9 Murray St.

Ninety-Sixth Street
112 East 96th St.

115th Street
203 West 115th St.

125th Street
224 East 125th St.

Ottendorfer
135 Second Ave.

Riverside
127 Amsterdam Ave.

Roosevelt Island
524 Main Street
(Summer Opening)

St. Agnes
444 Amsterdam Ave.

Seward Park
192 East Broadway

Sixty-Seventh Street
328 East 67th St.

Tompkins Square
331 East 10th St.

Washington Heights
1000 St. Nicholas Ave.

Webster
1465 York Ave.

Yorkville
222 East 79th St.

Bronx

Allerton
2740 Barnes Ave.

Baychester
2049 Asch Loop North

Belmont
610 East 186th St.

Castle Hill
947 Castle Hill Ave.

City Island
320 City Island Ave.

Clason's Point
1215 Morrison Ave.

Eastchester
1385 East Gun Hill Rd.

Edenwald
1255 East 233rd St.

Fordham Library Center
2556 Bainbridge Ave.

Francis Martin
2150 University Ave.

Grand Concourse
155 East 173rd St.

High Bridge
78 West 168th St.

Hunt's Point
877 Southern Blvd.

Jerome Park
118 Eames Place

Kingsbridge
280 West 231rd St.

Melrose
910 Morris Ave.

Morrisania
610 East 169th St.

Mosholu
285 West 205th St.

Mott Haven
321 East 140th St.

Parkchester
1985 Westchester Ave.

Pelham Bay
3060 Middletown Rd.

Riverdale
5540 Mosholu Ave.

Sedgwick
1701 University Ave.

Soundview
660 Soundview Ave.

Spuyten Duyvil
650 West 235th St.

Throg's Neck
3025 Cross Bronx Expressway Extension

Tremont
1866 Washington Ave.

Van Cortlandt
3874 Sedgwick Ave.

Van Nest
2147 Barnes Ave.

Wakefield
4100 Lowerre Place

West Farms
2085 Honeywell Ave.

Westchester Square
2521 Glebe Ave.

Woodlawn Heights
4355 Katonah Ave.

Woodstock
761 East 160th St.

Staten Island

Dongan Hills
1617 Richmond Rd.

Great Kills
56 Giffords Lane

Huguenot Park
830 Huguenot Ave.

New Dorp
309 New Dorp Lane

Port Richmond
75 Bennett St.

Richmondtown
200 Clarke Ave.

St. George Library Center
5 Central Ave.

South Beach
100 Sand Lane

Stapleton
132 Canal St.

Todt Hill-Westerleigh
2550 Victory Blvd.

Tottenville
7430 Amboy Rd.

West New Brighton
976 Castleton Ave.

Ordering Information

Books for the Teen Age is published each year by the Office of Young Adult Services of The New York Public Library. Copies cost ten dollars ($10.00) each. On mail orders there is a charge for mailing and handling: 1 copy - $1.00; 2-5 copies - $1.25; bulk orders - $1.50.

[Order from the Office of Branch Libraries, The New York Public Library, 455 Fifth Avenue, New York, NY 10016.]

©1998 by The New York Public Library

ISBN 0-87104-741-1

[How this was designed:

Books for the Teen Age was designed by Ruth Peyser and Craig Lowy, who wanted to make something fun to look at, fun to page through, and fun to read. The original design, which premiered in the 1996 edition, was created using Macintosh computers. Adobe Illustrator was used to for drawings and icons, and Quark Xpress was used for the page layout.

The 1998 edition was produced on Windows-based PCs. A scanner and Corel Photo-Paint was used for the book covers, and Corel Draw for some of the complicated pages.

sommersault design:
Ruth Peyser & Craig Lowy

Production: Andrew Parson